HR教你做团队沟通

没点情商，怎么带团队

TEAM COMMUNICATION

图示版

安吉小丽娜　著

中国法制出版社
CHINA LEGAL PUBLISHING HOUSE

序言1

TEAM COMMUNICATION

社交焦虑如今已成为一种流行病，美国有4000万人深受其害，中国的社交焦虑者据说也达到了3000万[①]，其中“90后”“95后”年轻人的职场社交恐惧症状尤为严重。

王勉在《吐槽大会》热门节目中唱了一首职场社交恐惧之歌：昨天上班他走进你那部电梯，你赶紧掏出没有信号的手机。你很怕上厕所和他相遇，因为迎面走来总得寒暄几句。歌词非常现实，引起了网友们的共鸣。不得不说，这两句歌词简直就是唱出了许多职场具有社交恐惧症人的心声。

或许你也曾经遇到下面这些情况：在电梯里，当你看到同事时，你会立马拿出手机假装在忙；开会的时候，你永远坐在最后一排，最怕领导的突然提问；工作一年，隔壁座的同事依旧是你最熟悉的陌生人；在涉及多部门协调的工作时，能自己完成的事，绝不麻烦别人……

如果以上情况你都遇到过，那你可能是患上了职场社交恐惧症。

① 该数据来源于美国国家精神卫生研究所报告。

它是一种持久的、非理性的恐惧，是一种焦虑障碍，久而久之它会让你在职场上如履薄冰。

社交恐惧症看似很可怕，但其本质问题是沟通。有的人擅长沟通，他和谁都能聊得来；有的人害怕和人交流，在职场把自己活成了“透明人”。

罗振宇曾说过：“在社交红利时代，谁懂得社交，懂得传播，就能够掌握先机。未来的一切交易都将是社交。”但这对很多患有社交恐惧症的人来说，是一件特别难的事情。因为社交恐惧症是潜藏在人们心里的“魔鬼”，它总是趁你不注意的时候就偷偷上场，让你对人际沟通充满恐惧。但是我们又不得不战胜它们，因为只要你出门，只要你工作，就无时无刻避免不了和人沟通。

关于团队沟通，我曾看到过一组调查数据：超过 85% 的人在和领导汇报工作的时候，会觉得局促不安；63% 的人和同事沟通工作，能发信息，绝对不打电话；65% 的人不会第一个去点微信群里的红包；44% 的人认为自己在网络世界里是“话痨”，但在现实生活中却很安静。

但有意思的是，接近一半的具有社交恐惧症的人都认为沟通是很有必要的，有 1/4 的人认为沟通社交必不可少，而认为沟通社交有没有都无所谓的人只有 1/10。职场本身就自带社交属性，没有谁能脱离团队，独善其身。身在职场，我们就必须要学会沟通。

职场社交恐惧症分布广泛，初涉职场的“菜鸟”为此病的高发人群，一些正处于职场“瓶颈”期的人也极易感染。可以说，社交恐惧症是成为当下年轻人的“集体疾病”。难道这“病”我们真的没救了吗？未必！很多时候我们只是在逃避而没有主动寻求解决办法。我们常说：书中自有真理在，那《HR 教你做团队沟通：没点情商，怎么带团队》就是这样一本沟通实操技能类书，能帮你解决职场上99% 的沟通问题。

作者本人也是一名从职场小白一步步晋升成为有 10 年人力资源经验的沟通高手。本书作者选取了当代职场人最困惑的 40 个职场沟通问题进行痛点分析并给出实用的解决方案。她深耕心理学，对“职场社恐”“沟通障碍”等问题都有深入的研究，帮助近千名职场人解决沟通问题，让他们不管是在职场上还是工作中都能重拾自信。

没有人能活成一座孤岛，不要让社交恐惧症成为你的借口。看完《HR 教你做团队沟通：没点情商，怎么带团队》，你会发现沟通并不是一件难事，所有的沟通都有技巧可循。只要掌握方法，我们就能摆脱社交恐惧症，成为人际沟通的高手。

你的沟通方式蕴藏着你的未来。愿我们说出去的每一句话都有力量，一语胜千言！

周静

朴诚乳业（集团）有限公司首席人力官

20年前，我有幸参加了中国台湾培训老师举办的一次沟通培训。课程逻辑本身不复杂，主要是两点：第一，沟通就是表达。谁的表达能力强，谁的沟通能力就强。因此，大家要抛弃一切顾虑，大胆表达。只要消除了每个人心中的“魔障”，哑巴也有可能成为沟通大师。第二，沟通就是搭建关系。谁能跟其他人多聊天，多搭建关系，谁的沟通能力就强。因此，大家要像蜘蛛一样，勤于吐丝，敏于织网。谁结的网更大，网线更牢实，谁的沟通能力就强。最终比拼的是，你到底能不能做那支织网面积最大的蜘蛛。

培训课堂现场非常热闹。但课后的效果可想而知。参加完培训课程之后，我进行了回顾，内心深处一直有有两个疑问。

1. 如何理解沟通能力？

在职场中，我们发现，很多优秀的企业家、金牌销售等并非是最善于表达的，甚至是有点话少的。他们甚至也不是最能做关系的。但是他们所展现的是，通过杰出的沟通能力最终解决了实际问题。

话不多却句句直击人心，挖掘出客户内心的深层需求，找到双方的共赢点。他们通过关键需求人建立起有深度的人际关系。深度沟通远远胜过泛泛的谈话。他们才是真正的沟通高手。

一切管理问题背后的那根引线都是“信息不对称”，而消除信息不对称的最好的“药方”就是沟通。所以，学习培养沟通能力就显得无比重要。

2. 如何提高沟通能力？

沟通高手能做到看人人里，看出人外。简单来说，就是因为了解自己，所以能很好地控制言行；因为了解他人，所以能做出恰当的反应。他们从容优雅，进退有度。

有人会问，这种能力是天生的吗？其实不是，沟通能力是可以通过学习、训练、调整得到提升的。既然沟通能力是可以通过后天学习的，那么跟谁学就很重要。

市面上关于沟通类的书有很多，但是有些书你读下来会感觉索然无味，逻辑无法自洽，这其中很大一部分原因是有些书缺少具有实战性的内容。

本书作者拥有 10 年职场人力资源资深实践经验，这 10 年中她从一个说话唯唯诺诺的职场新人变成了一个敢说敢做的领导者，从一个不懂沟通的小白变成了侃侃而谈的沟通高手，这其中的经验值得大多数人借鉴学习。而且多年的培训经验让她能精准地找到职场人的“痛点”，从根本上解决你在职场上遇到的问题。作者还深耕心理学，考取了国家二级心理咨询师证，帮助多位学员克服社交沟通障碍，重拾自信。

正人先正己。在传授经验的时候也同样如此，在教别人之前，自己要先明白、先做到。作者用自己的亲身经验和心理学知识，从底层逻辑出发，找到你沟通问题的“症结”，能从根本上消除你的困惑。可以说，她是最懂读者的作者。

作者还精选出当代职场人最困惑的40个职场沟通场景，以真实、常见的案例和通俗易懂的语言剖析原因，直击痛点，给出切实可行的解决方案，并让读者学会举一反三，触类旁通，学以致用。

本书全面展现经典沟通理论，又能将其融入到实践中，去解决职场人所碰到的问题。这样的例子在书中比比皆是。

譬如，在第一章“成功破冰，在团队中树立自己的形象”中，作者不但对职场新人入职所需要的和领导、同事的破冰方案解释得清清楚楚，更是在日常工作中，与同事、领导产生摩擦后，要怎样讲，才能既不失风度又缓解气氛，把这其中的道理和做法阐述得非常到位，实属难得。

读完这本书，在今后的团队合作中，你都能把书中的沟通技巧运用自如，迅速提升沟通能力，让沟通成为你职场成长的基石。不管你是初入职场的新人还是想在职场再次进阶的老人，这本书都会让你受益终身。

解决问题就是最好的学习途径。希望《HR教你做团队沟通：没点情商，怎么带团队》一书能解决你的职场沟通问题，打开“有效沟通”的大门，让您在职场中少走弯路！

卢志明

搜狐集团人力资源总监

序言3

TEAM COMMUNICATION

曾经以为，当你上了年纪，经历了一些事情之后，与人沟通这件事情就会无师自通。其实不然。在你的过往社交中，多少人曾经历过以下的场景：

起初想着要和对方解释误会，可越解释对方越生气；

自以为为人处世滴水不漏，但最后对方却仍对你心存不满；

明明知道对方是好心，可嘴上就是忍不住想要驳倒对方；

被对方惹得快要爆炸，却每次话到嘴边又咽下，一次次忍耐对方做出自己厌恶的行为；

……

出现这样的问题，并不是因为情商低，而是因为不懂得沟通的门道。这就会让你在生活上频繁心塞，翻江倒海；在工作上也会方寸大乱，叫苦不迭。如果说生活上的问题，再不济也能用回避战术，但职场上的问题，可谓是真刀真枪，步步惊心，一个不小心就很可能直接被踢出局，没有第二次机会。在沟通方面，我也曾经历过下属不配合、上级不满意、团队不理解等让自己焦虑的情况。在自己的整个职业生涯中，总会被一些问题所困扰，反复跌入同一个坑里，比如：

在公司遭人嫉妒，怎么处理才能最好地解决问题？

在会上发言时，大家你一言我一语，要怎么说才能让大家都听你的？

工作表现不佳时，想要重新获得领导的信任？可能吗？”

总遇到想抢你功劳的人，有对付方法吗？

……

在最迷茫的时候，我想到去看书，去上课，通过学习来解决所遇到的困难。但不幸的是，当我希望能够通过不断学习来获取一些解决问题的思路时，我发现，其实沟通并无捷径可寻。所有沟通类经典书籍，都始于底层逻辑的探索。而对于需解燃眉之急的职场人，并没有那么多时间去做深层次的挖掘；或者说，当你的修炼足够深，深到你可以彻底理解这些知识，可你已经错过了最佳机会。沟通是需要长期不断地坚持修炼，但又有多少职场人愿意为之付出大把的时间和精力呢？

因此，我重新深耕沟通传播学原理及心理学原理等，重新研究人际沟通模式，结合职场10年人力资源资深经验和沟通方面丰富的实战经验，撰写了《HR教你做团队沟通：没点情商，怎么带团队》一书，希望能帮助更多的职场人士通过了解沟通的底层逻辑，在团队合作中迅速提升沟通能力，跨越沟通荆棘，达成沟通目的。所以，不管你是想要更好地融入团队的职场小白，还是想在职场上再次进阶、有相当的工作经验的老员工，相信本书都能给您带来一些灵感和思考。

打破传统沟通书籍常规性教学步骤，本书将针对40多个职场高频困惑，直接从常见场景出发，用最为简单通俗的话解释清楚其中的原理，有针对性地给出相应的解决方案，并引导你如何举一反三，触类旁通；也会告诉你如何避免矫枉过正。同时，我也将本书涉及的所有知识点编辑成目录索引，方便读者查阅及回顾。

本书根据不同的沟通情境归类了 7 种主要的沟通策略。你可以根据个人的实际情况直接翻到相应的小节并获得解决方案，也可以选择自己感兴趣的篇章进行阅读。当然，如果有意愿，我更推荐你通篇看完整本书，更系统地理解沟通这门学科的主要知识点和核心技能。当所有的知识和技能被掌握，相信您对沟通这件事会有更深层次的心得体会。

希望这本书，能增加您说话的底气和说话的力度！更希望这本书能陪伴您在职场上越走越远。

安吉小丽娜

目录 TEAM COMMUNICATION

03 第三章
主动表现，彰显 / 突出你在团队的存在感

04 第四章
精准表达，把话说到人心坎里

05 第五章
强势出击，在团队中快速获得主导地位

团队沟通整体策略

关系

从零构建

破冰，是建立人际交往的开始
破冰成功，你就能获得对方的信任，反之亦然

第一章 成功破冰，在团队中树立自己形象

突破递进

赞美，能先一步给对方
留下良好的印象，轻松地让你们
彼此的关系更上一个台阶

第二章
适度赞扬，人际关系升级的不二法宝

维系延续

精准，帮助你触达事物的本质
让你和对方的每一次沟通
都能达到预期

第四章
精准表达，把话说到心坎里

倾听

找出事实

事实，是触发情绪的行为。
只有掌握了事实，才能搞清楚对方的情绪。

觉察情绪

情绪，是人对事物所持的态度
以及相应的行为反应，认同对方
的情绪，对方才会对你敞开心扉

挖掘需求

需求，是埋藏在情绪下未被满足
的部分。满足了对方的需求，也就
解开了对方的心结

第四章 精准表达，把话说到心坎里

团队沟通整体策略

表达（1）

加强观念

主动，才能扩大你的团队中的影响力。通过直接的表达，让你的观念轻松地植入到他人脑中

第三章 主动表现，彰显/突出你在团队的存在感

削弱观念

间接，让你避开锋芒，从另一个维度，润物细无声地改变对方的想法

第六章 间接提议，反对的话也可以这样说

表达（2）

加强人设

强势，助你在面对困境时，无所畏惧。坚决捍卫自己的立场，干预对方不当的行为模式

第五章 强势出击，在团队中快速获得主导地位

削弱人设

委婉，是一种可进可退，灵活的表达方式。遇到突发情况时，能巧妙地化解问题，达成沟通目的

第七章 委婉引导，化解突如其来的沟通难题

TEAM
COMMUNICATION

第一章　成功破冰，在团队中树立自己的形象

第一节 | 初次见面时，怎么说才能和所有人打成一片

办公室里大家有说有笑，但你一进去大家就突然都不说话了，或者你插一两句话后，气氛就尴尬到不行。

一、让对方把你当“自己人”

不管是在职场里还是在生活中，要想让对方放下戒心，实现轻松的交流，就需要先得到对方的信任。对于初次见面者，或者之前沟通较少的人，我们都会面临破冰期。破冰，即打破人际交往间怀疑、猜忌、疏远的藩篱。破冰成功，就能建立信任；破冰失败，则双方将长期处于无法深交的状态。破冰期就是彼此判定对方是否值得信任的时期。在破冰期，对于聊天内容，必须要有计划，并且需要“因人制宜”。

笔者认为，不管是面对领导、同事还是下属，你都要找到可以拉近彼此距离的话题。拉近距离的目的是让彼此从陌生到熟悉，让别人把你当“自己人”，继而可以有更进一步的交往。面对不同的人，拉近距离的方式也有所不同。

（一）和领导：聊工作

员工在公司里碰到领导，较好的破冰方法就是聊工作。在工作场合聊工作一般不会出错。

1. 近期工作：你可以给领导汇报一下近期的工作内容。做了哪些事，见了哪些客户，成果分别是什么，接下来还会涉及哪些工作等。这会让领导看到你在努力适应，进入角色。“领导，最近我接触到一个新客户……”

2. 进步之处：入职阶段是员工接收信息量最大的阶段。员工在这个阶段会学习知识、接受技能培训和掌握工作流程。从认知方面来看，这是一个从局部到整体的过程。所以，你可以在具体操作中总结出自己可以努力或改进的地方，向领导展示你的工作能力和工作态度。“领导，这个月我们有款产品的市场表现特别不错……”

（二）和同事：坦率地表达自己

在人际交往的初期，坦率有利于双方信任关系的建立，在做出回应时，我们要真实地表达自己，陈述自己，推销自己。通常当一个人对对方产生好感时，才会通过主动向对方表达自己的真实想法传达自己的信任；当对方接收到这种信任，在做出回应时，往往也会展示出真实的自己，继而加强双方的关系。

在这里，暴露自己的糗事或者秘密是最适合的。当然，这里的糗事和秘密必须是无伤大雅的，即使被传出去也只会让别人一笑置之，不会对你或其他人产生负面影响。对于喜欢八卦的同事，当然讲糗事给他听最受用。大家在开心之余，关系也顺势拉近了。

（三）和下属：聊热点新闻

当下属碰到领导，总是会感觉很紧张，担心自己说错话而给领导留下不好的印象。因此，很多员工遇到领导总是敬而远之。如果我们能和下属聊一些轻松且有营养的话题，下属会很乐意和你说上很久，你们的关系自然会更进一步。“我看你上次在群里用微信小程序投票，这个微信小程序操作起来麻烦吗？”“你上次在朋友圈发的旅游景点叫什么来着？”

一些轻松的话题能让下属与领导更轻松地沟通，并让双方迅速拉近关系，让破冰更加自然。

二、让对方越来越认同你

想要给别人留下良好的第一印象，就要让对方在和你交往的过程中有被认同的感觉。追求别人的认同，是人性的底层需求。人们通过别人对自己的认同来校准其行为的方向，进而让更多的人接纳自己。每个人都希望得到别人的认同，却往往不知道该如何表达对对方的认同。

1. 通过“听”来表达认同：在沟通过程中，应该用 80% 的时间倾听，20% 的时间表达。和那些说起话来滔滔不绝、口若悬河的人相比，懂得倾听的人反而拥有更好的人缘。因为倾听能够给表达者足够的表达空间，继而表现出对表达者的极大尊重与认同。

2. 通过“说”来表达认同：恰当的表述能让人如沐春风、怡然自得，不当的表述却让人感到芒刺在背、如鲠在喉。在与他人沟通的过程中，应结合对方的具体情况作出合适的表达，通过遣词造句、表情状态等让对方感到舒服和体面。

表达认同的目的是让对方更容易接受你。根据笔者多年的 HR 实战经验来看，面对不同的人群，在表达认同的形式上虽有所不同，但万变不离其宗，都是一种以对方为主的沟通模式。

（一）和领导：请教问题

向领导请教问题也是一种很好的破冰方法。对于一个虚心求教、仰慕敬佩自己的下属，领导不但会不吝指教，还会给予更多的关注和指导。

1. 工作问题：领导也是从基层岗位开始，经过努力一步一步升上来的。领导工作经验丰富，对于下属碰到的问题，领导也基本上碰到过。向领导请教工作上的问题，等于无形中接受了一次一对一的辅导，能帮你更快更好地提升工作能力。“领导，您之前做业务有没有遇到过瓶颈？”“领导，当别的部门无法理解我们的工作，不配合我们时，您以前是怎么处理的呢？”

2. 人生经验：领导之所以成为领导，或许是因为业务突出，或许是因为管理能力较强，或许是因为有着特别的不为人知的厉害的一面。向领导求教人生经验，能源源不断地汲取为人处世的技巧，并且在无意中拓宽自己思想的边界。“领导，您工作都那么忙了，怎么还有时间出去进修，陪家人旅游？”

诚然，向领导请教问题，虽然是一种聪明的做法，但从 HR 的角度来看，员工要对提出的问题有所把控。

1. 不能太简单：有些人问问题不动脑筋，那些在网上都能直接找到答案的问题也拿去问领导，既暴露了自己不求上进，还浪费了领导的时间。这样的“虚心”，反而会让领导厌恶。

2. 不能太难：还有些人会问一些很难的问题，认为这些问题很能显示自己的上进心，领导一定会对自己刮目相看。殊不知你的问题“超纲”了，既不在领导的知识领域，又不在领导的业务领域。你的“上进”，反而让领导当场下不了台。这样的员工，领导非但不会喜欢，只会巴不得你赶紧走。

（二）和同事：表达赞美

在社交场合中，赞美是打开局面最好的方式之一。初次见面就赞美对方的人品、性格，很容易给人造成虚伪或别有用心之感。但如果赞美对方的细节，把你的赞美落到实处，反而会更显真诚。

1. 细节之处：大多数人喜欢听赞美的话，希望自己的与众不同能被别人发现。所以，在和同事开始交流之前，你可以多关注对方，为后续赞美对方作好充分的准备。比如，对方颜值高、身材好、衣品佳，饰品有品位等。特别是细节方面，哪怕对方只有一丁点儿优点，你也可以拿着放大镜将它放大很多倍进行赞美。“××，你这件衣服太漂亮了，特别衬你啊！”

2. 不同之处：比如今天和昨天比，有什么不同的地方？换了发型，穿了亮色衣服，口红色号不同，背包品牌变了，等等。每个人都希望得到别人的关注，通过你的赞美，能让对方感受到你对他的关注，自然也拉近了双方之间的距离。“哇，你这个口红色号是今年最流行的色号呢！”

（三）和下属：聊兴趣专长

十根手指有长有短，每个人都有自己擅长和欠缺的部分。如果总是和对方聊你擅长的部分，对方欠缺的部分，那对方只会越聊越感觉索然无味；而如果你选择放弃自己所长，去迎合对方擅长之处，那对方则会和你越聊越开心。

1. 兴趣爱好：用兴趣爱好切入是一个适用于所有人的万能方法，因为兴趣爱好更会让人有话说。如果你对对方的兴趣爱好不了解，可以让他来告诉你，增加你对这一块的认识；如果对方的兴趣爱好正好和你不谋而合，那你们相互间就有了共同话题，可以进一步交流。“我听说你平时喜欢下围棋，这个难学吗？我想让我的孩子也去学一下。”“上次我倒茶的时候无意间看到你在看雷鬼舞的课程，公司附近有学跳舞培训机构吗？”

2. 拿手专长：每个人都渴望被认同。和对方聊其擅长的部分，也是一种表达认可的方式。这将使大家相互间聊起来更为顺畅，也将大大拉近你们之间的距离。“你特别擅长 PS（Adobe photoshop，PS，图像处理软件），可以帮我看看这张图能不能 P 吗？”“听说你的很多公众号文章阅读量破 10 万了，你平时也太低调了，下次能给大家讲讲怎么写推文吗？”

通过聊对方更感兴趣的话题，让对方在聊自己的过程中感受到你对他的认同。

三、学会倾听，帮你快速了解一个人

综观公司里那些人际关系较差的员工，他们要么是“说不上来话”，要么就是“说错话”，造成这种结果的本质原因是其没有先一步了解对方的想法。其实在初次见面时，建议尽量让对方多说，你多附和。在了解对方的价值观、思维模式、兴趣爱好之后，再和对方进行沟通，才能真正地做到有的放矢，达成声声有着落、句句有回应的效果。

第二节 | 如何与“气场不和”的员工共事

办公室里有些同事，一起共事起来会特别得心应手，游刃有余；而有些同事，无论你做什么、说什么都会遭到对方的反对和冷眼。

一、对方想法和你不合拍怎么办

只要身处职场，你就免不了要和别人建立一段关系。有些关系你可以自行选择，诸如选择某个公司，某位客户；但有些关系你却没法选择，比如你的领导和同事。他们之中有些人会让你一见倾心，感觉特别有缘，这主要是因为对方的三观和你相似，做了你内心认可的事，继而产生相似的吸引力。

笔者通过多年 HR 的从业经历总结来看，通常，人们会喜欢跟他们相似的人共事，这是因为对方提供了某种程度的自我支持——通过认同对方来认同自己。因此，你对对方的欣赏，其实是源于对自己的欣赏。

可有些人虽然接触不多，却让你感觉到心累，究其原因，主要是人们在自我防御机制中投射原理的作用。投射，是指自我将不能接受的冲动、欲望或观念归因（投射）于客观或他人。用通俗易懂的语言来表达，也就是把自己心里的内容和感受放到客观世界中，就如同投影仪一样，让一个事物呈现你心中所想的内容。对方做到了你无法做到的事，会让你产生羡慕和嫉妒的情绪；对方做到了你也能做到但内心并不接纳的事，会让你产生愤怒、厌恶的情绪。因此，你对对方额外厌恶的原因，不是对方做了什么，而是你怎样看待自己。

了解到这一点，你就该明白，其实和对方“气场不和”的真相是和对方三观不同。不同的人会经历不同的事，对世界的认识，对问题的理解，对人的看法自然是不一样的。因此，笔者认为，保持彼此想法的独立性，尊重彼此想法的差异性，才是和对方相处的最好模式。

1. 倾听想法：沉下心来，让对方把话说完整，并用“是的”“理解”“嗯”等表示肯定的词语鼓励对方继续说下去。倾听就是最好的尊重。并且，只有把对方的想法听完整了，你才能更清楚地知道对方的思路是什么，才能看到彼此想法上的不同点，才更能理解对方。如果你都不给对方机会说完就直接打断判定，对方就会认为你并没有尊重他的想法。

2. 不做评价：倾听过后，仅阐述自己对对方的想法，而不对对方的想法做评价，双方就事论事，不做其他牵扯和外延，避免矛盾的产生。在倾听的过程中，一定会有很多和你三观冲突的地方，但如果此时你立刻跳出来对其进行评价，就很容易让对方心里产生不快，挑起对方的战斗欲，让对方集中火力想方设法反驳或攻击你来赢回颜面，这样就会偏离和睦相处的主线。“这件事我的想法和你有些不同。”（√）“你的想法太糟糕了。”（×）

三观的形成是经过多年的实践验证而来的，并不容易改变。你希望直接通过寥寥数语的“沟通”就转变其想法基本上是不可能的。但你能做的就是尊重对方的想法，看到彼此的相同点，找出彼此的差异，并做到最大限度的融合。

二、在工作中如何与他人配合

在和对方共事的过程中，要做到就事论事，避免评判他人。评判，是指用某种方式去评判信息发送者的想法或行为。而对于被评判者而言，你无疑展现出自己是凌驾于他人之上，有权利或资格去做评判的人。但通常这样的评判会让对方感受到威胁，进而使对方产生防卫心理。

从 HR 专业的视角来看，在工作中与其他人配合，较为合适的做法是，用描述性的语言，只去讲那些看得到的，客观存在的且可以经得起推敲和考证的事实，而不要去讲那些看不到的、抽象的、主观臆想的猜测。

1. 表达清晰：和“气场不和”的人沟通，尽量使用精确清晰的语言来表达，做到让对方一目了然。本来两个人的想法就不同，如果再用模棱两可的语言和拖泥带水的陈述，就会造成如下后果：一方面容易造成误解；另一方面增加了沟通成本。所以，不如在一开始就把事情讲清楚，减少对方的疑惑，直接开展工作。“这次开会主要有 5 件事，分别是……”

2. 分工明确：分工不同，相互独立，各自对自己的部分负责，也就减少了扯皮和矛盾发生的概率。对方和你性格不同，擅长的部分也不同。很可能你的弱项反而是对方的强项。你与其和对方成为竞争对手，不如和对方成为合作伙伴。你不擅长的那部分交给他做，他做不好的那部分你来负责。“我擅长研发，可以负责程序的编写；××心比较细，测试可以放心交给他。”

团队协作，有些工作未必能彻底分割开，你们之间可以多一个协调者来起到相互制约和协调的作用，达到彼此的通力合作。

三、工作外怎样应对更合适

对于大部分人来说，内心都至少戴了两层人格面具。瑞士心理学家卡尔·荣格在《原型与集体无意识》一书中写道：人格面具是个人适应抑或他认为所采用的方式对付世界体系。它保证了你能够与人，甚至与那些你并不喜欢的人和睦相处。

职场不是用来交朋友的，能交到知心的朋友是你的幸运，交不到也是一种常态。当遇到“气场不和”的同事，你可以戴上人格面具，以一种认同者的角色与对方沟通交往，尽可能与他维系和谐的关系。

1. 不主动：知道对方与自己三观不一致，若非工作需要，就要尽量避免对社会、生活等话题进行深入的讨论，避免双方因看法不同而出现争执，破坏原有的和谐气氛。大家因工作聚在一起，没工作交集时就各自散场，井水不犯河水，达到生态平衡。

2. 不拒绝：如果对方先放低了姿态，有求于你，不管你内心多不愿意，但在态度上至少不要拒人于千里之外。这样，在别人看来，就会显得你特别大度。至于是否答应对方的请求，就看你如何衡量这件事的意义了。如果整体上还是否定这个人，那就找个托词拒绝也无妨，毕竟对方也知道平时和你关系一般，你多半也不会答应；如果你希望通过这件事拉近彼此关系，且对你而言也是举手之劳的事，那你可以帮一下，也算在“情感账户”里存了一次款。

在职场可以做到游刃有余的人，都是针对不同的对象，戴上不同人格面具的人。懂得同事间要保持距离，尤其是遇到不喜欢的人，更要懂得把握好相处的分寸。在工作中，有交集的地方，和平共事；工作之余，尽量减少交集。

四、人格面具≠说谎

人格面具，只是一种策略性的部分展示。它并不等于说谎，而是每个人选择性地展示自己不同的侧面而已，但是无论在哪一种状况中，你分享的都是自己真实的一部分。它仅用来展现自己匹配的一面，来优先获取更多沟通的机会而已。

第三节 | 怎么和团队里有过节儿的人合作

在团队里，总有一些因为之前和你有过矛盾而“不对付”的同事。当矛盾没能及时化解，又要迎来下一次合作时，你该如何处理才能与对方冰释前嫌，通力合作呢？

一、捋顺短期关系的关键点 1：美化自己的行为

HR 建议，在面对团队里有过节儿的人时，你可以用善意的谎言来缓解彼此尴尬的关系。

善意的谎言，是指出于某种善意的原因说出的谎言，并不带有恶意，而且不是为了自己的利益。它为自己找一个合适的借口来美化自己的行为，让对方从心理层面更容易接受，这就是善意的谎言所希望达到的目的。

然而，善意的谎言一直被人们所诟病为打着“利他”的借口“利己”。有时你会面临“说真话好”还是“说善意的谎言好”的选择，心理学专栏 Know Yourself 认为：所说的谎言是否是善意的，取决于一个人能否在说谎所“造成的后果”与“带来的益处”之间为对方做出一种权衡。真正重要的是真相或谎言背后，那些为对方和双方

共同利益所做出的考虑，以及饱含的善意。因此，“善意的谎言”也经常被用来调解沟通中的冲突。

1. 找个借口： 找借口是为了使自己的“言行失当”合理化。你可以说自己上次走神了没听清，也可以说自己家里正好有点事影响了你的情绪。只要找一个看似合理的理由来证明自己当时的举动是正常的，让对方能把你的行为和借口顺利对接上，自然也会对你多一份理解。“上次不好意思啊，我脸那么臭，主要是正好刚和家里人闹完别扭……”

2. 表达歉意： 用借口让自己的过失听上去更为合理，不管这个借口是否是真的，对方已然看到你先一步“放了软档”。口头道歉，重在足够真诚。只要你能放低姿态，诚恳地表达，让对方感受到你的歉意，那很大程度上就容易被原谅。“我真诚向您道歉，您千万别放心上啊！”

二、捋顺短期关系的关键点 2：美化对方的行为

与善意的谎言相对应，你也可以运用合理化技术，善意曲解对方的意思，给对方找借口，让对方顺理成章地沿着台阶走下来。

安娜·弗洛伊德在她的著作《自我和防御机制》中强调“每一个人，无论是正常人还是神经症患者的某种行为或言语都在不同程度上使用全部防御机制中的一个或几个特征性的组成成分”。合理化，就是一种心理防御机制，具体是指当某一个追求的目标不能实现时，人们会找某些理由为自己开脱，使自己心理上得到安慰，有时也会找出一些借口来掩饰自己的行为和不愿承认的事实。

很多时候，有些事并不会像人们所期望的那样发展，为了减轻

精神上的痛苦，人们经常运用合理化来给自己或别人找借口掩饰。相对应地，你可以通过将对方的不当行为合理化，对事件加以善意地曲解，从而让这件事往有利的方向发展。

1. 曲解看法：贬低自己，抬高对方，并为对方的行为找个合理的借口。虽然你讲的不一定是事实，但对方看到了你在放下姿态，善意为过节儿圆场。过节儿往往是因证明“你错我对”而产生的。如果先一步摆出姿态，通过善意地曲解对方，刻意地贬低自己，表达“你对我错”，直接从源头上把观念纠正了，对方也就不好再说什么了。“你当时之所以这么生气，一定是我触犯到你的底线了。”“当时你虽然什么都没说，但我知道一定是我做得太差劲了。”

2. 拉回合作：不过分纠结过去的过节儿，直接将话语拉回到眼前的合作，向对方表达自己的想法。为对方“搭好台子”，不管你曲解得对不对，对方都不会揭穿。彼此心照不宣地沟通下去，进而一步步将局面朝有利的方向引导。“这次合作，如果我再有考虑不周的地方，你一定要告诉我啊！”

对于现代社会日益加快的工作和生活节奏，人们的沟通交往越来越趋向于以“效率第一”进行考量。因此，适度美化自己或对方的行为，能迅速帮助你捋顺和对方的关系，有助于下一步行为的推进。

三、维护长期关系：从根本上“一键清除”矛盾

想要从根本上解决矛盾，化解过节儿，就要从事物的本质开始探索，找出彼此过节儿的症结。笔者认为，人们之所以会产生争执，必定是双方的立场不同，看待事物的侧重点不同。如果双方能理解

到这一点，过节儿自然也能化解开来。

换位思考，是指设身处地为他人着想，即想人所想，理解至上的一种处理人际关系的思考方式。通过与对方互换位置，从他人的角度来看待、解释、归纳问题，能让你的观点更为客观中立。

1. 自己的立场： 真实地表达自己当时的所思所想，以及自己关注的点是什么。把之前发生的事情，站在你自己的角度重新讲一遍，一方面，将有助于对方理解；另一方面，为下面的对比说法打下基础。“当时因为我们经理说了要下班前拿到暂支款，你不给我，我就急了。”

2. 对方的立场： 换位思考对方当时的做法，试着猜对方关注的点是什么。站在对方的立场，替对方说话，一方面，让对方知道你已经了解他的处境；另一方面，如果当中还有“误判”，对方能及时更正。“我没有想到的是，你也有你的难处，你们财务部规定所有的暂支单一定要部门领导签字，财务部领导签字才能放款，那天正好财务经理不在，因此我的申请没有通过。”

3. 表达歉意： 可以向对方表述自己当时并没有从对方角度来考虑，因此和对方产生了争执和过节。你已经摆明了你的态度，也给对方搭了梯子，对方自然会顺着梯子走下来。“我当时并没有考虑你的立场，后来回去反思了才意识到自己的问题。我要和你说声抱歉！”

如果对方和你是一个短期的关系，你就可以运用话术快速解决矛盾，推进后续行动；但如果对方和你将是一个长期的关系，运用话术去掩盖矛盾，达到表面的和解，对长期关系并无益处。所以，我们需要从思想上予以重视，从根本上予以解决。

四、双赢：解决团队冲突的最佳策略

关于处理冲突的方法，在《沟通的技巧》《非暴力沟通》《关键冲突》等众多沟通类经典书籍中，无一不认为双赢是解决团队冲突的最佳策略。双赢，意味着彼此都能从中获益，得到满足。相较于妥协（一输一赢），对于彼此关系的修复与延续，能产生更令人满意的结果。最后，不管通过何种方式，谎言也好，真话也罢，让人产生信任的都是他们背后真正的善意。

第四节 | 工作出错被痛骂，第二天上班该如何面对领导

在工作出错时，领导很可能会因为一时气愤，说出很多“伤人”的话，任谁都会觉得特别尴尬，下不来台。而更尴尬的是，第二天你还得面对领导，这时你该说些什么来缓解彼此尴尬的气氛呢？

一、正确面对错误

工作上出错是一件很平常的事，但面对对方的指责，很多人的第一反应就是据理力争、推卸责任，甚至拒不认错。这种行为，既是一种面对指责时的应激反应，也是一种自我防御。究其产生的原因，大多是和本身的低自尊有关。

美国作家罗纳德·B·阿德勒在《沟通的艺术》一书中指出，自尊是对自我价值的评估。一个人自尊的高低取决于他如何看待这些自我概念。高自尊的人会通过对自我的肯定，中正地看待别人对自己的评价，并通过努力达到对方的预期；而低自尊的人会不断地对自己进行负面的自我预设，无法客观地看待别人对自己的评价，要

么以批判、反驳的方式来胜过对方，诸如找借口、推卸责任、拒不认错；要么就是把对方的评判当成进一步的证据，来证明自己技不如人。在笔者从事 HR 的工作经验中，那些被领导痛骂后无法做好关系梳理的人，经常会产生如下情形。

1. 自暴自弃

有些人认为，不管以前工作表现多优秀，只要被领导痛骂过，升职加薪从此就与自己无缘了。于是，他们开始自暴自弃，做啥都提不起劲儿，在公司里就准备好混到哪天是哪天。

2. 回避接触

被领导痛骂了，面子上多过不去！因此有些人会从此开始回避和领导的接触，即使非见不可，也要拉两三个人一起，尽量避免和领导单独接触。因为一次工作上的失误，从此和领导老死不相往来。

3. 束手束脚

有些员工会物极必反，矫枉过正。被领导骂了以后，事无巨细地去向领导请示汇报，凡事领导不确认就不行动。这些人看起来十分遵守规矩、谨言慎行，但其实就是之前被骂的事一直搁在心里没翻篇，从此谨小慎微，过分小心。

综观多年的 HR 从业经验，笔者认为，在职场中，领导总是倾向于培养高自尊的人，而放弃低自尊的人。因为低自尊的人总是无视事物的本质和关键，要么将精力专注在推卸责任上，要么是自怨自艾地宣泄负面情绪，这样的行为只会让原本就在气头上的领导更为糟心。而高自尊的人在工作出错时就能首先从态度上正视自己的问题，承认自己的错误。

1. 悔恨歉意：你可以针对工作上出错这件事给领导带来的麻烦、给团队带来的影响表达后悔和歉意。道歉的目的就是通过降低自己的势能，增加对方的同情，达到软化彼此沟通氛围的目的。深入细致地检讨，并详细地描述事情给你造成的影响，同时向领导表达自己的愧疚，让领导看到你有悔过之意，心里的气自然也消了一大半。“领导，我昨晚整夜都没睡着，内心觉得非常愧疚……”

2. 态度到位：表达悔意和歉意的时候，态度要好，语速要慢，脸色更要凝重紧张。要显示出你的羞耻感，这样才能增加别人对你的同情，为你的道歉加分。“因为我工作上的失误，给大家造成了太多麻烦！我……觉得对不起大家……”

沟通，很多时候并不一定要看你说了什么，而是要看你持有怎样的态度。当态度对了，即使一个字也不说，意思照样能传达到位。

二、正面认识错误

很多人觉得犯了错就像天要塌下来一样，领导必然会对自己产生负面印象，从此职业发展道路便荆棘重重，不见天日了，其实不然。这是一种灾难性预期谬误。

在《沟通的艺术》一书中，作者对灾难化预期谬误是这样描述的：抱着灾难性预期谬误之人会杞人忧天，他们认定某件糟糕的事可能会发生，那么它就会发生。

有此谬误想法的人因为执着于自己假想的结果，总是会用回避的方法解决问题，而不对错误做出补救；而面对错误不愿负责、不肯作为的员工，领导最终会对其产生负面印象，又反过来印证了其灾难化预期谬误，坚定了其错误的信念。

其实，犯错不要紧，要紧的是认识错误。笔者通过和领导层的交流发现：对于既定的错误，与其过多地纠结会给领导留下不好的印象，花过多的时间在给出合理解释，撇清自身关系，甚至去害怕灾难性的结果上，还不如先将其暂且搁置，把精力都放在解决问题上。可以向领导对自己的错误进行一个复盘，让领导看到你对错误的认识，以及补救的措施。当错误纠正了，问题解决了，领导对你的负面印象也就自然化解了。

1. 复盘原因：可以用“良好的动机 + 失误的操作”把出错的事情复盘，并着重分析错误产生的原因。这样既讲清了工作出错的真实原因，又表达了自己对于错误愿意一力承担的态度。通过复盘错误，让领导看到你对事物整体的逻辑分析和把控能力，在认识错误之余，展示工作上的悟性。“领导，我原先是想着这个工作流程我还是很熟悉的，我想可以自己搞定，不需要来麻烦您。但没想到这次对接的是一个新人，很多之前约定的部分全部都推倒重来，确实是我敏感度不够高才导致项目进展不如预期。”

2. 解决方案：要给出明确的解决补救方案。如果之前的工作有了新的进展，可以直接和领导汇报这部分的更迭；如果之前的工作已经修改完毕了，可以根据领导指点的方向，总结出解决方法。领导在乎的不是你犯错这件事，而是你能不能很好地解决这个问题。因此，只要你能拿出解决方案，工作出错的负面影响就自然被化解了一大半。“现在，经过领导您的指正，我们已经将之前错误之处全部改正过来了，整个流程也在顺利往下走。”

3. 规避方案：居安更要思危，当你能走在领导前面，提前将风险规避方案都想好，这一次失误对你无疑就是举一反三，虽然前期挨了批评，但最后却能收获最大化的利益，反而能让你获得领导的赞赏。“这段时间我也检讨了自己，我已经把整个工作流程详细地写了下来，具体化了每个步骤的考核标准，相信这样能大幅度降低出错率，提高工作效率。”

三、挽回在领导面前的失分

领导之所以痛骂你，是因为他想引起你对错误的重视，避免未来再次发生。如果你能意识到这一点，通过一定的行为达到并超过领导对你的预期，那你在领导心目中将是一个愿意努力克服自身缺点、积极向上的员工。他不但不会对错误耿耿于怀，反而会对你的抗压能力、执行能力另眼相看。

预期效应指出：动物和人类的行为不会受他们行为直接结果的影响，而是受他们预期行为将会带来什么结果所支配。我们对期望效应进行推理便不难发现：

失望 = 心理预期 – 现实

喜悦 = 现实 – 心理预期

因此，只要你的行为超过对方的心理预期，那就会让他满意。

在工作上出错被痛骂，正常人都会感到沮丧，短期内必然不愿意再和当事人面对面接触，以免再次产生矛盾和摩擦；而如果此时你不但去道歉，还去做复盘，做预测，再表达感谢和认可，对对方来说是一次又一次超预期的行为，这将大幅度提升对方对你的满意程度，这也是有些人明明做错了事，反而更能获得认可的原因。

1. 表达感谢：领导愿意批评你，并且批评得有理，是为了你好，因为这反而表达了领导对你的重视。因此，你虽然表面上挨了批评，但在心里要记着领导对你的好。骂之狠心，爱之心切。对那些边缘分子，只要不是场面上太难看，严重违反规章制度等，领导都懒得管。因此，你要感谢领导对你的严厉。“领导您能那么透彻地指出我的问题，帮助我、提点我，对我真的太上心了！”

2. 表达认可：表达对领导做事风格、管理风格的认可，表达自己不会因为领导痛骂就对领导心里有“疙瘩”，表达如果今后自己工作上有任何问题，希望领导能继续一针见血地指出，这样你就能快速响应，能力也将快速提升。“如果我今后还有什么做得不好的地方，也请领导一定要帮我指出，这样我才能更好地精进自己！”

表达感激和认可，是此次“痛骂”事件中转危为安的决定性因素。对你来说，能在短时间内消化自己的负面情绪，以德报怨，更为客观地接纳领导对你的批评，将来必有更多发展的可能性。

四、让领导对你心怀感激

与人方便就是与己方便。很多员工认为，被领导痛骂之后再和领导面对面接触，是非常尴尬的。其实，不但你会觉得尴尬，领导也会觉得尴尬。接下来，如果领导不主动和你化解尴尬，一方面没法好好给你布置工作，另一方面也会显得他特别“小气”。如果这时，你能先一步主动去找领导，无疑是帮他搭了台阶，给他抛了橄榄枝，让他内心产生一种“嗯，还好你先来找我了”的感觉，不但不会再次受到责怪，还会让他感到欣慰与感激。

第五节 | 离职解聘，怎么做才能和原公司好聚好散

如果你想谋求更好的发展，但你的领导却未必愿意成全。那到底该怎么提离职，才能获得领导谅解，和原公司“好聚好散”呢？

一、开口和领导“谈”离职

和原公司提离职的顺序最好是先口头、再书面；先和本部门领导提，再和公司 HR 提。并且在给领导发书面离职邮件时，一并抄送给公司 HR。这样，既在态度上尊重了原领导，又在形式上尊重了公司的规章制度。

尊重，是最好的修养。一个人对对方尊不尊重，不是看他在对方发展较好的时候怎样与之相处，而是看在对方遇到坎坷时他是否会保持初心、始终如一地对待对方。

在职期间，领导对你有直接管理权，因此对领导予以尊重并不难；然而在离职解聘期间，很多人会认为此时领导已经不再对自己握有生杀大权，于是就很容易有对领导不够尊重的表现。

1. 消极怠工

很多人自从提了离职后，心就飞到了新公司，对原公司的态度也急转直下：违反规章制度，经常迟到、早退、旷工；领导安排的工作能推就推，消极怠工，应付交差。工作敷衍，却拿着全额工资，这样的员工不但领导看了烦心，团队看了也扎心。

2. 先斩后奏

如果你选择先告诉原公司 HR，之后再去找部门领导，等于直接开始进入离职交接期，会让领导感觉你就是“通知”他，而不是“征询”他的意见。作为你的领导，他仍希望在职期间对你的想法有“影响力”。

从 HR 的角度来看，以上的做法，恰恰都是员工从自己主观意愿出发，丝毫没有顾及对方的感受和立场，并没有给予领导应有的尊重，其结果就是相互产生内耗，最终唏嘘收场。

科里·帕特森曾在《关键对话》中说道“互相尊重是对话的持续因素，一旦人们的对话中感到不受尊重，关于初始目的的讨论马上便会终止，取而代之的是他们处于自尊的高度防御”。

人与人之间是相互的，如果你不尊重领导，当然也不会受到领导的尊重。所以，HR 的专业建议是：换个角度，从尊重出发，你就能换来领导的理解与尊重。

1. 领导先谈：不管平日里和领导关系怎样，你都需要第一时间和他正式谈一下辞职的事。这样，既在态度上尊重了原领导，又在形式上尊重了公司的规章制度。“领导，今天我正式向您提出离职……”

2. 解释理由：和领导谈离职，领导或多或少都会问你离职原因。在这里，只要不是对领导对原公司有意见你都可以说。如果是真的想离开，就找那种绝对不会被驳回的理由，如“搬家了，离原公司太远了”或者“准备出国定居”；如果觉得还可以继续合作下去，可以留点余地，说出自己的真实需求。“可能需要多赚点钱还贷款”或者“职业发展有点受限”。

你的目的就是让领导在其他人之前知道这个消息，让他能有机会第一时间对你表达他的态度。

二、摆脱离职的内疚感

提离职，很多人会觉得不好意思，认为自己辜负了公司的培养，对不起曾经用心培养过自己的领导，因此会产生内疚。而这种心理，久而久之会变成一种无形的压力，让人百般痛苦。

内疚的产生源自付出与接受的失衡。员工抹杀了自身工作上的付出，而把“提离职”与“被栽培”放在了天平的两端，这样的想法势必会使自己陷入“内疚陷阱”，不可自拔。以笔者多年的HR工作经历来看，如果我们跳出内疚的圈子，从整个职业生涯规划的角度来看“提离职”这件事，其实大可不必如此。

从员工角度来看，如果公司对员工的发展足够重视，就会始终想方设法发挥其才干，不会让员工出现发展瓶颈；反之，优秀员工在公司内部没有得到很好的发展与安置，为了完成自己的职业目标，寻求外部机会就无可厚非了。

从公司角度来看，如果提出离职的是公司的核心员工，公司就要考虑近期与该员工在薪酬、岗位方面的沟通情况。如果仍希望对员工进行挽留，可以尝试开出接近对方公司的条件。

从人性角度来看，离职是一个暂停键，是与公司暂时解除雇佣关系，是双方为了成全彼此，走向更好。也许未来某一天，大家又会在某一个时间点重逢，彼此以更好的姿态重新开始新的雇佣关系。而现在，只是双方愿意为美好的未来做出的一个选择而已。

摆脱内疚，人才能轻松地向前走。对于离职期间的你，回馈领导最好的方式就是做好工作上的交接，不影响整个团队的工作进程，这也是相关的团队领导和 HR 最希望看到的。

1. 做好交接：你离职与否不是领导最关心的问题，而工作是否能衔接上才是领导最在乎的。主动提出对手头工作的交接，直接解决领导的痛点，站好最后一班岗，领导必会对你心存感激。你要和领导保证将自己目前负责的手头工作整理好，确保让接替你工作的人能够轻松地从你这儿接手，其中也包括你现在负责的项目的进度和一些问题，都需要交代清楚。"领导，您放心，接下来一个月我会做好交接，不会让部门的工作受到影响。"

2. 解除顾虑：领导最希望看到的是你的离职对部门运转没有影响。因此，在完成交接工作期间，你还可以向领导保证对于公司规章制度的遵守以及后续相关问题的答疑。你能在最后时期仍然服从领导的指挥，维护领导的尊严；并在离开后仍然贡献你的剩余价值，解除领导的后顾之忧。"之后如果同事们对我这块工作有任何疑问，可以随时给我打电话。"

这样，领导会感恩你在最后这段时间的付出，即使以前你有些令他觉得不满意的地方，他也不会耿耿于怀了。

三、获得领导的好评推荐

感恩，是对他人对你的恩惠表示感谢与回馈，是一种发自内心的善意。心怀感恩的人，看待每件事物都会从好的地方进行考虑，

“美化”对方的行为；反之，即使是一件好事，也会被质疑其目的不纯，好事最终变成坏事。

懂得感恩就懂得付出，就会适可而止地索取。很多人认为在职场，领导对你的关心、指导都是理所当然的，是领导的职责所在；公司给你发工资，给你更多的职场发展机会，是因为你干得好，是你应得的……带有这种想法的人，就不容易满足，会陷入不断索取的负向循环，总觉得公司“对不起你”，甚至在离职期也会做出一些过激行为来表达自己的不满。

1. 留烂摊子：很多人认为，不交接工作能给原公司带来麻烦。于是，在最后时刻他们会故意打乱工作流程、隐瞒重要信息、企图把公司搞得天翻地覆，来证明自己的重要性。

2. 产生口角：“君子报仇，十年不晚。”很多离职员工会选择在最后时刻故意和领导起争执，把平时对领导的隐忍一股脑吐出来，以解自己心头之恨，顺带让领导下不了台。

这种做法毫无感恩可言，即使解了一时之恨，却得不偿失：你失去的不仅是原公司的人脉，更是自己的好口碑。原公司的领导或HR都极有可能在你新公司试用期结束之前，做背景调查时反映上述情况。试想哪家公司在听到你在原公司离职期的表现后，还会留下你这个毫无情商可言的“定时炸弹”呢？

其实，从笔者多年的HR工作实践来看，很多时候上下级的矛盾源于双方阶处位置不同，视角也不同。可能当下你没有办法理解领导的想法与其产生了矛盾，之后理解了但不好意思再重提旧事，那么在谈离职时，就可以拿出来提一提，表达自己过往的想法不成熟，争取和领导冰释前嫌。

1. 表达歉意：就算过往有任何不愉快，也没有必要斤斤计较，在台面上要给对方最后的周全。这样，即使你以前有些不尽如人意的地方，领导也不会再耿耿于怀。首先可以表达对此次离职的歉意。“领导，我的离职可能会在短期内给大家带来麻烦，我觉得特别抱歉。”这样既可以从领导的角度考虑问题，也可以表达对过往产生的矛盾的歉意。“领导，之前有一次您骂我骂得特别凶，我好几天都没好好工作，现在想想我的做法特别不成熟，今天是我在这里工作的最后一天，我给您诚恳地道个歉，希望得到您的原谅。”

2. 表达感恩：不管怎样，领导对你有知遇之恩，给了你入职的机会；在工作期间，领导或多或少也给了你机会和平台，你都可以以此来对领导表达感激。“感谢领导一直以来对我的包容，今后有时间我一定回来看您，也希望有机会和您一起吃饭叙旧。”

四、保护羽毛，别在离职期留下一地鸡毛

不论你和领导在工作过程中处得怎样，离职都有可能是你最后一次和领导面对面重新修复彼此关系的机会。你可以选择任性地发泄，最后将自己之前辛苦建立起来的人脉圈付之一炬；也可以选择心怀感恩，保留体面，好聚好散。最后，请永远记住别人对你的好，因为他们本可以不这么做。

成功破冰

在团队中树立自己的形象

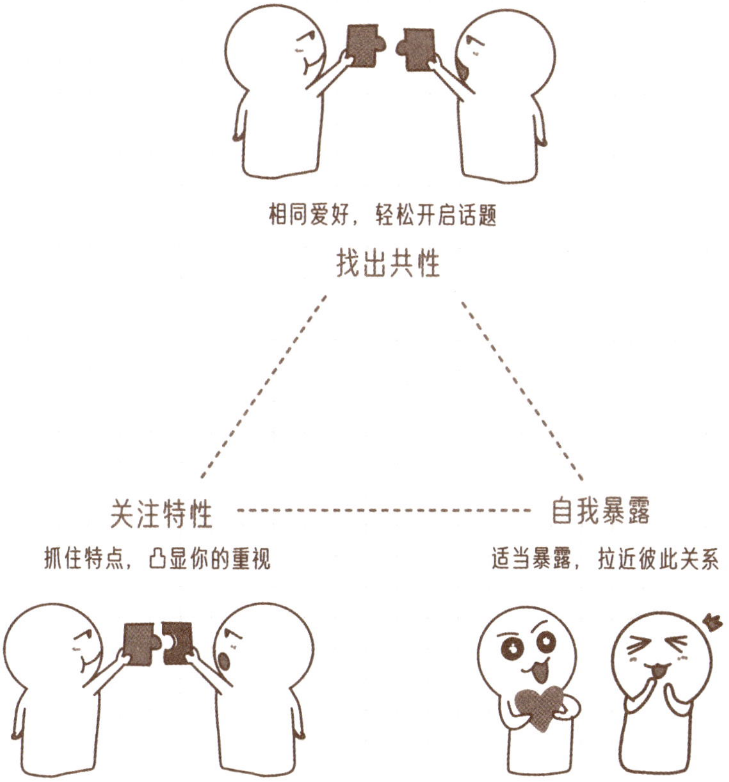

TEAM
COMMUNICATION

第二章　适度赞扬，人际关系升级的“不二法宝”

第一节 | 想让自己的人缘更好，有什么办法

谁都希望成为具有亲和力的人，但并不是所有人都能天生具有亲和气质，大多数还是需要后天的用心经营。那到底该怎么做，才能让自己的人缘变得更好呢？

一、正面赞美让人心花怒放

在职场上对对方首先进行正面的赞美，是为了形成晕轮效应。晕轮效应，是指在人际知觉中所形成的以点概面或以偏概全的主观印象。晕轮效应虽然会让人产生错误的认知，但在人际沟通交往中被广泛运用。每个人都有弱势，当这个弱势被展示在别人面前时，人们更希望能获得别人的理解与包容，并保持自己在别人心目中的形象。

人们都希望自己的与众不同能被别人发现。赞美能先一步给对方留下良好的印象，让你和对方建立良好的关系，让对方因为对你的喜爱而忽略你身上的缺点。

其中，从正面对对方予以赞美，开门见山地对对方进行夸奖，往往会让对方感到开心。因此，在平时就要对对方多多关注，并选

准恰当的时机，把你观察到的情况一五一十地说出来，让人感觉事出有因，以此来增强说服力。

1. 赞美条件：你可以通过赞美对方外在的条件来表达对别人优势方面的肯定。外在的条件如佩戴的手表、眼镜，发型、身材、皮肤，眉毛、口红等。内在的条件如品格、作风、气质、经验、气量、特长、处理问题的能力等。“你太聪明了，要是我有你一半就好了。”

2. 赞美过程：一个努力的人，未必能拿到成果，但并不妨碍你对他的努力进行赞美。表扬又叫积极性反馈，是一种更为聚焦对方行为过程的激励表扬方式，能让对方感受到自己的努力被别人看到并认可。“你这半年在业务上的努力大家都看得见啊！”

3. 赞美成果：对于拿到结果的人，你可以直截了当地赞美对方取得的成果。真诚地送上你的祝福，替对方取得成果感到高兴。当对方感受到你的真诚，也会发自心底感激你对他的认可。“小张，能拿到这个奖，你实至名归啊！”

如果你说的事情都是大家有目共睹的，有具体证据的，别人就不会觉得你假；而如果你说的事情是大家闻所未闻的，没有办法证实的，别人就会对你所说的产生“质疑”，进而更质疑你这样说的目的是什么。

二、侧面赞美让人如沐春风

在文学创作中，侧面描写有烘托的作用，即间接地对描写对象进行肖像、语言、动作、神态、心理等方面的描绘，去表现人物的性格、品行和技能。

同样，侧面赞美也是旨在通过描述对方的其他方面，从而达到赞美对方的目的。侧面的赞美是含蓄的赞美，让人感觉欣慰，如沐春风。

很多时候，当面对比你级别高、资历老的人，你很难正面开口赞美，担心会让当事人感觉不适，或者引起周围人的侧目，反而显得尴尬。这时，不妨换个角度，在不经意间，借由侧面对对方进行赞美。

1. 借物喻人： 通过赞美与对方有关的其他事物或人物，来表达对对方的欣赏。因为这两者之间确实存在因果关系，因此虽然表面上是在夸别的人或事，但实质上是在夸对方。“还是你看人准！这个小王不愧是你一手带出来的啊，当初两个月不开一个单子，现在一个月能开好几个大单子啊！”

2. 挖掘战功： 每个人都有自己的“高光时刻”，这对一个人的成长来说是意义非凡，不可替代的，因此提到这个话题总是让人感到开心。你可以通过研究去挖掘，也可以通过询问让对方来进一步解释，通过这样的方式，让对方回味之前的成功经验。

人们总是喜欢被提及自己成功的、引以为傲的、与众不同的事情，因为那些事情能让旁人特别惊喜，也能带给他们快乐。

三、背后赞美让人感受真诚

当面赞美别人，有时反而会引起周围人的微词，而如果选择在背后赞美，因为对方并不在现场，就不会让人以为这是虚情假意或讽刺奚落，能让你赞美的真实性更高。

相较正面的赞美，为什么背后的赞美会让人感觉更真诚？是因为人们的背后行为会更容易被界定为自我中隐私的、不为人知的、真实的部分。

自我又称自我意识或自我概念，是个体对其存在状态的认知，包括对自己的生理状态、心理状态、人际关系及社会角色的认知。其中，你感知到的自我是指你在真诚的自省过程中所相信的自己，而这种自我是“隐私的”。因此，相较于正面的赞美，背后的赞美会有更高的真实性，也会让人感觉更真诚。

你可以分别通过赞美对方的正面形象，以及矫正对方的负面信息，来表达你对对方的认可。

1. 背后赞美：如果你不擅长当面向对方表达赞美，可以选择在背后进行赞美，通过别人口口相传，传达给对方你对他的欣赏。除了坏事，好事也会传千里！只要你持续不断地在背后赞美，总有一天会被对方听到。

2. 背后澄清：没有一件事情是绝对的，凡事都是有其两面性的。如果你在背后听到有人诋毁对方，可以当场站出来予以引导，巧妙地把对方“带出坑”。事后扩散出去，对方一定会对你心存感激。

这种来自背后的赞美，不经意间传到对方的耳朵里去，会使对方感到真诚和振奋。对于背后说好话的人，对方自然会对其多一份好感与信任。

四、带目的的赞美让人厌恶反感

要避开赞美的敏感时期表达你的赞美，把赞美和具体的事件、场景、原因联系起来，做到有理有据，言之凿凿，才能最大可能地发挥赞美的作用。如果你最近有求于别人，就开始对他表达赞美，当别人事后得知你的请求，再联想之前的赞美，就会觉得你的赞美只是用来拉拢关系的工具，而并非出自真心。抱有这样的想法，对方可能就不愿意帮你了。下一次如果你再对他表达赞美时，他的警惕性就会自然而然提高。

第二节 | 做好这 3 点，内向者也能轻松获得团队的青睐

在职场上，内向的人往往对自我评价较低，不太愿意主动与人交往。在一些公开活动、聚会团建中，他们也往往会放弃主动表现的机会，继而在团队里越来越没有存在感。内向者想要获得团队的青睐，可能吗？

一、遇事积极主动

在团队中，主动帮助别人就能让内向者获得正向评价，得到团队的青睐。根据互惠原理，你在给予别人帮助的时候，也会获得别人的回馈。互惠原理，是指我们应该尽量以类似的方式报答他人为我们所做的一切。简单地说，就是对他人的某种行为，我们要以一种类似的行为去加以回报。关系都是相处出来的，再好的关系，长期不走动也会变生疏。你来我往，有来有往，感情才能热络。因此，如果你是不善言辞的内向者，就可以通过主动给别人提供帮助来增加相互间的接触，拉近和对方的关系。

团队合作，讲求的就是发挥彼此特长，减少重复劳动，提高工

作效率。HR 建议内向者通过主动给同事提供力所能及的帮助来拉近彼此的关系。

1. 分担擅长：每个人擅长的部分不同。当看到对方正在做一件你特别擅长的事情时，可以主动过去询问对方是否需要帮助。如果这件事对对方而言恰好不是他擅长的，你的帮助对他而言就是雪中送炭。“处理表格数据我比较擅长，有什么我可以帮到你的吗？”

2. 解决紧急：每个人在工作中都会遇到紧急时刻。当最后期限越来越近，就会给人巨大的压力，从而逼迫人们不得不以牺牲质量来换取时间。如果这时你能主动提出帮忙，就能解了对方的燃眉之急，为对方争取到更多的时间。

3. 代劳顺手：点滴见真情，如果在平时，你能力所能及地帮助大家拿一下快递，倒一下水，复印一下文件，让别人明显地感觉到有你和没你的截然不同，你就能润物细无声地走进别人心里。“我去前台，你有啥快递要我帮忙带吗？”

主动给人提供帮助，能迅速拉近和他人的关系。即使你在主动帮忙时只是寥寥数语，但你的实际行动已胜过千言万语，也将给团队留下深刻的印象。

二、做事诚实守信

内向者之所以不愿意与人沟通，很可能是因为他们在过往与人沟通的过程中受过挫折，继而对自己的性格产生了过多负面的评价，导致自己不愿意主动与人沟通，渐渐地产生了习得性无助行为，最终形成恶性循环。

习得性无助行为，是指一个人经历了失败和挫折后，面对问题时产生的无能为力的心理状态和行为。要改变这种状态，最好的办法就是通过一次次小的沟通，让内向者获得正向的评价，进而树立积极的信念。当内向者获得更多的自信，在和别人打交道时就更容易成功，最后形成良性循环。

为了达到这个目的，当内向者遇到自己能力不及的事情时，就要坚持自我，主动拒绝，不要让负面情绪影响到你，增加习得性无助；当内向者遇到自己擅长的事情，就要努力成事，兑现诺言，以此获得高峰体验，获得积极的反馈，增强你的自信。

1. 敢于拒绝：不管别人要你做什么，你都要先衡量自己当下是否能做，会不会对其他工作有影响。如果无法按时交付，就得坚决地拒绝对方，让别人知道这件事你做不到，这样对方也就不会再为难你了。

2. 言信行果：如果衡量下来这件事能搞定，就可以答应，那么答应的事就必须要办好。让人感觉到你要么不给承诺，要么给出承诺就必然兑现。在团队里，你的受信任度也会大大增强。

内向者需要时刻将“言信行果”作为自己的信条：做不到就不要给对方任何期许，因为希望越大，失望就越大；答应了就要坚持到底，兑现承诺，以达成团队的期望。

三、细节精准把控

相比外向者，心细如尘一向是内向者的优势，这也决定了内向者能更为细致、全面地去思考问题。内向者可以从这里发力，在自己最擅长的领域达到专精，以实力碾压其他人。

1. 事先准备：你可以预设场景，提前思考一下对方可能会在哪一个环节提出什么样的问题，并且事先把事情都计划周全，在每个维度都想好可能会碰到的问题以及需要准备的材料。做好万全准备，就能让对方的问题都落在你的计划内，就不至于临场心慌意乱，手忙脚乱了。“领导，这是这次项目之前所有的文档材料，我都一一做了标注，方便您查阅。”

2. 事后复盘：在完成工作后，做一次细致的复盘也是内向者特别擅长的部分。把事情发生的前提、经过、结果、做出的决定、强调的细节、预测的风险等，全部事无巨细地复盘下来，在当下给双方留下细致的备忘，在未来给彼此提供迭代的基础和依据。“领导，这是我针对这次项目的复盘，请您过目。”

事先做好周密计划，事后做好细致的复盘，能让内向者在团队中找到自己最合适的、最擅长的位置。

四、内向、外向并无好坏之分

心理学家发现，外向者通过与人社交来获取能量，他们无法忍受独处；而内向者恰恰相反，他们对内心世界兴趣更大，而与人社交对他们来说是一个消耗能量的过程，在独处中他们才能获得快乐。所以，他们思考问题比外向者更为深入，做事更为专注。因此，即使你是一个内向者，如果能用干货和事实说话，体现出自己无人能及的价值，又何必在意别人对你“内向”的评价呢？因为内向、外向从来只是一种性格倾向，并无好坏之分。

第三节 | 求人办事，说些什么才能让团队成员主动帮你

无论是在生活中还是工作中，我们都需要朋友的帮助。但是碍于面子，却又不知道如何开口或者开不了口，这主要是因为怕被对方拒绝而感到没有面子。那么，怎么做才能让其他人主动帮你呢？

一、让别人听懂你的请求

求人也有门槛。有些人求人帮忙时，三言两语就能让对方同意；而有些人即便是好话说了千遍，最后还是会被无情地拒绝。那些被拒绝的人，很多时候是忽略了以下细节。

1. 人没找对

在求人前需要搞清楚，你求的这个事，对方是不是确实有能力、有资源来帮助你，不要病急乱投医，什么人都去求。

2. 事太难办

有些事是换人就可以办到的，但有些事是换了人也办不了的。如果你的活儿没人肯接，这时候就要思考是不是自己这件事太让人

为难，会给人惹麻烦。

3. 过程艰辛

当别人答应了你，有些人就觉得对方应该放下手头所有的事尽快帮你把事办了，因此不停地去催别人要结果，别人原本答应你是出于一片好心，现在被你整天盯着反而让别人感觉是欠了你的。

4. 责任归属

有些人仗着别人的善良，自己搞不定就把所有责任一并压到对方身上，别人把事儿办好了还行，没办好就劈头盖脸给人一顿责难。

很多人求人时为了让对方答应，喜欢绕圈子讲话，殊不知这样绕着绕着，混淆了对方视听，模糊了事情本质，简单的事情反而被复杂化了。而一开始就把话敞开来讲，反而会获得别人的好感，也节约了彼此筛选的时间成本。在和对方沟通的过程中，如果运用 SMART 原则，将会使你的描述更为准确和清晰。

SMART 原则有利于员工更加明确高效地工作，是为管理者将来对员工实施绩效考核提供了考核目标和考核标准，使考核更加科学化、规范化，更能保证考核的公正、公开与公平的工具。这也意味着你需要从以下 5 个维度去对事情进行说明。

（1）S（Specific，具体的）：必须是具体的，要对标特定的指标，不能笼统；

（2）M（Measurable，可衡量的）：必须是可衡量的，衡量的指标是数量化或者行为化的，验证这些指标的数据或者信息是可以获取的；

（3）A（Attainable，可实现的）：必须是可实现的，在付出努力的情况下可以实现；

（4）R（Relevant，有相关性）：必须有一定的相关性；

（5）T（Time–bound，截止期限）：必须有明确的截止期限。

了解 SMART 原则后，你就可以用简练的语言，让对方更清楚地明白你的请求。

1. 明确节点：求人宜早不宜晚，越早和别人提出，别人越容易接受，对你而言可控性也越强。另外，在别人答应帮助你后，每次三催四请地询问进度并不合适，倒不如在一开始就和别人敲定各个时间点，到时间节点再去问询进度，也能更顺理成章，有理有据。“您能帮忙我已经很感激了，不着急，您慢慢来。”

2. 明确事项：其实求人办事，越简单明了越好。你要简明扼要地把需要别人帮忙的事情背景、结果以及需要别人帮助的部分都说清楚，让别人能够清晰地判断这件事是否在自己的能力范围之内。这样既节约了对方决策的成本，也节约了你的精力。“××，我有件事想请你帮忙，我先大致给你说下，你看看能不能帮忙。”

尊重别人的时间是对他人最大的尊重，因此，如果需要别人的帮助，就一定要减少对方的时间成本。能一次说清楚的就一次说清楚，这样还能显得自己很有诚意。

二、从情感上推动决策

用情感换取对方的帮助，通常是一个细水长流、曲线救国的方法。“登门槛效应”就是情感推动决策的典型。

“登门槛效应”，是指一个人一旦接受了他人的一个微不足道的要求，为了避免认知上的不协调，或想给他人以前后一致的印象，就有可能接受更高的要求。这种现象，犹如登门槛时要一级台阶一级台阶地登，这样才能更顺利地登上高处，又称为“得寸进尺效应”。

人们拒绝难以做到或违反自己意愿的请求是不难的，但是如果对于某种小请求，一旦找不到拒绝的理由，就会增加同意这种要求的倾向。因此，把一个大的请求切分成一小块一小块，让人跳一跳就能轻松够到，对方就难以拒绝。

因此，当你遇到和你关系特别好、特别熟悉的人请求帮助时，基本不会拒绝；但如果你和对方关系一般，可以通过以下策略来加强对方的情感驱动。

1. 传递认同：想让对方帮你忙，你必定是认同对方的为人和办事能力的，那么可以把你的认可当着对方的面说出来，增强彼此情感上的协同。“你上次会上讲的对我特别有启发，这里想再请教你一个问题。”

2. 加强关系：如果你和对方并不熟悉，就找个中间人借势来表达彼此的熟悉程度，加强与对方的关系链。中间人必须是和对方关系较好的，这样才有助于增强你们彼此的关系。“××× 一直说你是这个领域的专家，正好我在这一块遇到了难题。”

3. 博取同情：如果各种话术计策都失效，你可以通过放下身段请求唤醒对方对你的同情，争取最后的机会。同情心可以让对方理解你，也能激发对方的责任感，从情感面撬动对方帮你。“这个问题困扰我一周了，我还是想不到办法，您帮帮我吧。”

从情感上推动就是通过让对方感情产生波动，进而答应你的请求策略。它的前提是本来双方就有一定的感情基础，也就意味着，你在平时就要做好人际交往和人脉积累。临时抱佛脚地“情感突击”，不但无法达成目的，也会让自己难堪。

三、从利益上推动决策

用利益换取对方的帮助，通常是最开门见山、行之有效的方法。《礼记》有言："来而不往非礼也。"当别人给了你好处，你就会本能地想予以回报。反之，如果你想让别人来帮助你，不如考虑直接给别人一些好处，让别人产生心理上的压力，答应你原本的请求。

利益推动的底层逻辑来自互惠原理。凡是求人办事，一定要把利放在他前面，也就是别人给你办这件事情能得到什么好处？如果说不清这一点，你办事顺利的可能性就会很小。

1. 物质收益：判断一下你的事别人需要调动多少资源、耗费多少时间，再按照你们彼此关系的远近，最终决定相对合适的物质收益。如果物质收益符合或超过对方预期，对方大多不会拒绝；如果物质收益少于对方预期，对方大概会拒绝你。

2. 潜在收益：拆解一下你请对方帮的这个忙，有没有能同时帮助到对方的部分，把这个部分拿出来讲，对方一看和自己也有关系，答应你的概率就会增加很多。比如，对方帮你设计产品，也提升了他的产品设计能力；对方帮你砍价，也能提升他面对不同客户的临场发挥能力等。"这次是为 ×× 公司做设计，确实需要一定资历才能胜任，其他人我也不敢贸然求助，你看看时间上是否盘得过来，如果你这单打响了，等于也在帮助你塑造个人品牌。"

3. 人际收益：人际关系并不是你想有就能有的，需要靠一点一滴的积累。因此你可以以小见大，放大自己这个请求的意义，让对方看到虽然表面上是帮了你的忙，但实际上他能得到更大的潜在的好处。"这个活动有很多业界精英参加，所以对你来说是个认识人的好机会。”

利益推动是通过最直接、最震撼人心的利益，让对方直接计算付出与收获的比率，进而作出决定。

四、珍惜求人的羽毛

在人与人的交往中，双方的付出和收益应当大致相等，也就是所谓的等价交换。求人，是消耗自己的收益。当你的收益远大于对方的付出时，对方也会停止付出，而你的行为也会被定义为“伸手党”，之后再想得到别人的帮助就难了。不珍惜求人的羽毛，过度使用，到最后只会无人可求。

同时，在日常交往中，不妨力所能及地多帮助别人，积累自己的口碑，增加自己的“被利用”价值，在日后有求于人时就更容易开口，也更容易获得别人主动的帮助。

第四节 | 在公司被同事嫉妒，怎么处理最好

在职场，想要晋升就免不了要在团队中展现能力，争取机会。这自然免不了会遭人嫉妒，因为你可能会成为别人的阻碍。而这时，想要减少别人对你的嫉妒心，可不是件容易的事。

一、让对方更显优势

嫉妒，是指人们为竞争一定的权益，对应当团结的人怀有的一种冷漠、贬低、排斥，亦是敌视的心理状态。

嫉妒心的产生主要源于以下 4 个方面。

1. **情况相似**：对方与你的生活背景、教育背景、社会阶层等相似时；

2. **与己相关**：当所比较的方面与自我的相关度高时；

3. **感觉不公平**：觉得对方并不值得拥有那些优势或成就时；

4. **自我控制**：当你认为自己有能力实现或改变某件事时。

而对方之所以嫉妒你，是因为他把思维始终局限在和你做横向比较上，把所有注意力都放在了他失去的东西上，而没有看到他自身拥有，但你却没有的东西。因此，HR 建议：你可以巧妙地把笔墨

放在自身的劣势上，故意淡化自己的优势，突出对方的优势。

1. 自身劣势： 淡化自己的优势，凸显自己的劣势，就如同“中和反应”一样，把别人的期待从“完美的人”转为“普通的人”。对于一个普通的人，又谈何嫉妒呢？

2. 对方优势： 没有人不喜欢听到别人的赞美。当你讲完自己的劣势后，可以马上引到对方的优势上来，让对方感觉你对他非常欣赏和在乎，继而减少对你的敌意。“我就特别羡慕你，工作和生活平衡得刚好，这妥妥就是人生赢家啊！”

懂得突出自己的劣势，即假装自己比不过对方或者跟对方差不多，就会减轻嫉妒者的心理压力，使其产生一种“哦，他也和我一样不完美”的心理平衡感觉；加上每次都大方地赞赏对方的优势，就能淡化对方对你的嫉妒。

二、让自己更显平庸

很多人对“吃不到葡萄说葡萄酸”这句耳熟能详的话深有感触。这种现象在心理学中被称为“酸葡萄心理”。

“酸葡萄心理”，是指因为自己真正的需求无法得到满足而产生挫折感时，为了解除内心的不安，编造一些理由自我安慰，以消除紧张，减轻压力，使自己从不满、不安等消极心理状态中解脱出来，保护自己免受伤害。很多人总是会想当然地认为自己不比别人差，别人之所以获得了比他多的成就一定是有某些“见不得光”的原因，而不是客观地分析自己和别人的差距到底在哪里。虽然这种错误归因给自己找到了一个心安理得的借口，但这不仅没有解决问题，反而让自己走向一个错误的方向。

在团队里，能被别人嫉妒，其实说明你做得还不够好，能力还不够强，关系还不够密切，和你的竞争对手拉开的差距还不够大。面对对方的嫉妒，你能做的就是减少自己的优越感，快速提升自己的能力。

1. 减少优越感：“满招损，谦受益”，不管自己多优秀，都要以平常心和大家相处，保持谦虚、感激的态度。你可以把取得的成就往与你的个人主观努力无关的外因上做引导，让对方感觉你只是因为比他多了些客观的因素，才让你在双方的竞争中偶然胜出。这样，借以自我安慰的想法，心理上能得到暂时的平衡，在无形中淡化你的优越感。“其实这次的成功都应归功于 ×× 前期做的工作，我只是碰巧卡在这个时间点上了而已。”

2. 快速提升：当你嫉妒对方，就会把他当成障碍；而当你羡慕对方，就会把他当作标杆，努力追赶。因此，想让别人不嫉妒你，就得更加努力，始终把自己拔高到更高的位置，成为对方的标杆、羡慕的对象。

一方面，通过克制自己，表达谦虚与不争，减少自己在团队中的优越感；另一方面，通过奋发图强，加倍努力拉开与对方的差距，用实际行动来化解嫉妒。

三、让对方消减敌意

嫉妒一个人，一方面会为对方过得比自己好（换句话说，拥有的资源比自己多）而焦虑，另一方面又有一种“本应属于自己的东西被别人拿走”的愤怒。想要减少别人的嫉妒，不但可以在自身上想办法保持低调，同时也可以从别人的角度着手做一些事情。

表面上你可以通过适当的示弱淡化你的突出，把“东西”还给对方；而在私下里你可以和对方保持距离，消减对方对你的敌意。

1. 里应外合：除平时做好领导交代的事外，你还可以向领导借力。适当地在领导面前夸一下对方，让领导每次在表扬你的时候提一下对方；甚至每次在公众场合受到表扬时，你也可以同时表达一下对方对你的支持和帮助，这样能让对方心理上达到平衡以消减对你的敌意。“领导，这次的成功都是前期 ×× 准备工作做得好，等下开会的时候我觉得也需要让大家都知道 ×× 背地里的付出。”

2. 保持距离：当知道对方嫉妒你，并对你造成一定言语上或行动上的伤害时，你可以在心理层面和他保持距离。和这种人走得越近，越容易被对方深入挖掘，找出各种可以挑刺的地方，彼此也就越容易针锋相对。保持一定距离，大家眼不见为净，也就不会相互影响，彼此刺激了。

一方面，让对方知道是你在领导面前进言，主动把功劳分给对方，消减其对你的敌意；另一方面，和对方保持一定的安全距离，减少接触机会，淡化对方对你的印象。

四、嫉妒使人清醒

一个人嫉妒在哪里，也就意味着其自卑感在哪里，进而也就意味着其所可能追求的目标在哪里。自卑，是指一种不能自助和软弱的复杂情感，表现为对自己的能力、品质评价过低，并伴有一些特殊的情绪体现，诸如害羞、不安、内疚、忧郁、失望等。嫉妒虽然不是一种有益的情绪，但随着嫉妒情绪的产生，可以让你明白你内心真正想要的、在乎的到底是什么，从而帮助我们决定是否需要调整，以及如何调整生存策略。你可以通过改变认知和增强自信心而消除嫉妒；也可以扬长避短，发掘自身的潜能，不断完善自己，改变现状，开创新的局面。

第五节 | 如何让老员工更愿意带你

新员工在试用期间，必然会遇到带自己的老员工。但并非所有老员工都是和蔼可亲，愿意手把手教你的。那么，要怎么做才能让老员工更愿意带你呢？

一、让老员工放下戒心

在职场中，每个人都是从新员工变成老员工的，也大多是由老员工负责“带新”工作的。这原本是一件很正常的事情，但是现在很少有老员工自愿帮助新员工，这是因为：

1. 占用时间

很多新人做事不动脑子，不长记性，三令五申的事儿总是屡次犯错。最根本的是，老员工原本自己工作就比较忙，如果再要花时间带新人了解每项工作的细枝末节，自己的工作时间必然会被挤压。

2. 没有补贴

带新员工需要增加自己的工作时间，付出额外的精力，但这方面公司却往往没有给出相应的激励政策。新员工带得好，没有额外的补贴奖励；带得不好，反而会被批评。这样吃力不讨好的工作，换谁都不愿意干。

3. 地位受胁

老员工之所以在职场上还有一席之地是因为他们有丰富的工作经验，但如果他们把自己知道的、靠它“吃饭”的技能都告诉新员工，那这种行为无疑是把自己提前做了备份，等新员工能独当一面时，将随时有可能取代自己。

俗话说得好，“教会徒弟，饿死师傅！”这是老员工最不愿意带新员工的原因。因此，在接触初期，你就需要先和老员工捋顺关系，软化他对你的态度。

通常在沟通中，彼此关系到位了，沟通也就自然可以水到渠成。而在关系还没有到位前，就直接开始切入主题，则往往会以失败告终。

在《关键对话》一书中也有类似的观点，即只要在对话中营造出足够安全的气氛，你就可以随心所欲地讨论任何问题，对方会全神贯注地聆听你的想法。而想要营造安全的氛围，不在于对话本身的内容，而在于对话的方式和气氛。

1. 共同目的：和对方朝一个方向努力，关心他们的目标、利益和价值。

2. 相互尊重：当对方在对话中感到不受尊重，他们就会产生自尊的高度防御。

因此，想要老员工更愿意带你，就要增强他的安全感。HR 建议，你可以表明立场，在“老带新”期间，你的身份只有一个，那就是老员工的徒弟。你要多听取老员工的建议，多协助老员工做一些基础性工作。对于上下势能有落差，最好的办法就是表达你尊重的态度。“师傅，我初来乍到，啥都不懂，今后要请你多多指教。”

二、为老员工排忧解难

新员工入职，需要老员工来帮带，因而就需要保持谦虚，尽量多往对方的“情感账户”里投资，以此维护和老员工的关系。

“情感账户”，是指平时日常交往中所积累的人与人之间的好感，在你需要时，这些对你有好感的人愿意给予你帮助。老员工可能一开始会和你保持距离，但久而久之，随着你向对方“情感账户”投资的增多，就能获得对方的理解和信任，进而扩大自己的影响范围。

平时协助老员工做一些小事，也是维护“情感账户”的一种方法。老员工带你，需要耗费大把的工作时间，甚至会影响自己的工作绩效。如果你能适当地打好下手，替他们分担部分工作，老员工就会有更多的时间带你。

1. 力所能及：对于老员工在工作上的指导，可以询问对方现在是否有相关工作可以给你做。一方面你用自己的时间换取了老员工的资源，替对方减轻了工作负担；另一方面可以将刚学到的理论运用于实践，帮助你更快地上手工作。“××老师，有什么您觉得我可以做的工作吗？”

2. 事务工作：职场人或多或少都会遇到一些事务性工作，老员工也不例外。事务性工作比较枯燥，但又必须认认真真一板一眼地完成，丝毫不能偷懒。主动提出帮助老员工做事务性工作，可以把他从烦琐的工作量里解救出来，让他能有更多的时间去做更有价值的工作。“××老师，复印、装订这种小事您就交给我来做吧！”

其实，即使你不主动要活儿，老员工也可能会让你帮忙做一些简单的、重复性高的工作。与其如此，还不如提前表个态，让对方感觉你勤快而且主动，自然会更愿意帮带你。

三、增加“老带新”奖惩制度

老员工既要努力带新员工，让其尽快适应工作节奏；又要顶着新员工能力提升对自己的威胁，两者确实是矛盾的。每个人，对自己有保护的心理都是很正常的。因此，想要让公司减少内耗，让老员工更愿意带新员工，就需要制定“老带新”的绩效考核及奖惩制度。人都是趋利避害的，只有让人们看到做好一件事能获得的好处，以及没做好这件事要面临的惩罚，才会激发他们去做这件事的动力。

适度赞扬

人际关系升级的不二法则

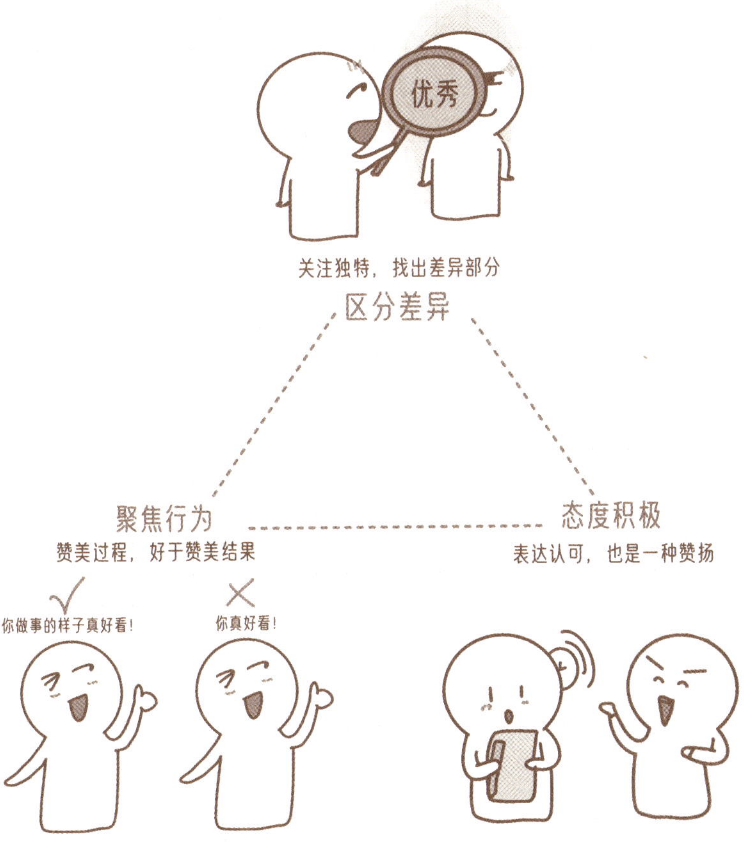

TEAM
COMMUNICATION

第三章　主动表现，彰显 / 突出你在团队的存在感

第一节 丨 会上发言时，如何一开口就让大家听你的

在开会时，尽管已经做了充分的准备工作，但很多时候你一开口，却发现底下听众你一言我一语，似乎没人在听你说；而越是没人听，你越紧张，越是容易词不达意、潦草收场，给人留下不好的印象。

一、让你的发言“与我有关”

如果你希望自己说的话能够被关注、被认可，一开口就能吸引别人，那你的发言就一定要与听众产生关联。一切不顾听众感受的发言只是“自嗨”——只顾自己滔滔不绝倾倒式发言，大家不但不会买账，还会产生厌恶和抵触情绪。而“自嗨”式的发言一般有如下特征。

1. 晦涩难懂

在公众面前发言，有些自负的人喜欢借此机会卖弄一下自己渊博的学识。他们特意选择了很多小众领域、专业性强、使用频次较少的词汇或用法堆砌在一起，组成了一篇难度较高的阅读理解。但这不仅不会让对方认真倾听，反而会直接放弃。

2. 陈词滥调

有些人为了避免发言冷场，或者想要提醒听众“重要的部分”，

总喜欢反复地“炒冷饭”。对于这些毫无营养的“正确的废话”，对方耳朵都听出老茧了，自然不会把你说的话当回事。

3. 不感兴趣

讲话水平不高，语言组织能力差，逻辑思维混乱，用词语法错误，引用典句不当；讲话声音轻，有气无力，形态别扭；没有互动，没有停顿，缺乏情绪起伏；演示文稿做得丑，数据使用不准确，多媒体播放出问题等，都会让你的发言黯然失色。

“与我有关”主要是指关联度。当你说的话能和别人产生关联时，别人就会关注你的发言。

在工作方面的关联度是指，在相互工作上的交叉、衔接会直接或间接给别人造成影响的部分。

1. 面对领导：“领导，项目目前碰到的问题是……这一部分只有征求您的意见之后我们才能继续往下走。”

2. 面对同事：“这次展会，A 擅长外交，最好承接会务部分；B 更擅长内务，可以负责后勤部分。”

3. 面对下属：“×× 手上的工作接下来你来承接。”

4. 其他方面：“今年公司的团建放在……”

但凡涉及与自己相关的部分，对方就不会不认真听了。因为如果遗漏或忽略，将会对自己造成相关影响和损失。

二、让你的发言“对我有用”

“对我有用”主要是指利益点，恰好对应了产品营销策划中的爽点，指得到即时满足。即知道做什么事情，我能获得什么好处，通过利益刺激，进而产生行为上的激励或争取。

在工作方面的利益点是指一些具体的信息、干货、方法论等，让别人知道如果他做些什么，会有什么样的好处。

1. 面对领导：“领导，我要开始汇报业绩数据了……”

2. 面对同事：“现在来讲一下大家一直感到头疼的数据分析表该怎么做！”

3. 面对下属：“××，这个工作今天开始由你来全权负责，我会给你配两个员工，你们本周要把工作做完。”

4. 其他方面：“今年公司规定，部门考核前三名的员工都可以有出国旅游的机会……”

当你说的话能给别人带来利益，别人不但会认真听你说话，还会期望你说更多，从而能让他获得最大化的利益。

三、让你的发言“对我有害”

“对我有害”对应“对我有用”，主要是指危害点，对应产品营销策划中的“痛点”，指尚未被满足的而又被广泛渴望的需求。痛点的本质是人的底层情绪——恐惧，就是知道做什么事情，我会失去什么，通过恐惧刺激，进而产生行为上的克制或改变。

人是厌恶损失的，都认为损失比等量的收益所产生的心理效应要大，也就是指人们面对同样数量的收益和损失时，认为损失更加令他们难以忍受。因此，别人会认真听取对他来说有利的部分，同样也会听取对他来说有害的部分。

在工作方面的危害点是指一些规则、经验教训，让别人知道如果他做些什么，会有什么样的危害。

1. 面对领导：“领导，经过对市场的深度调研，我发现用户对这款产品评价不高……”

2. 面对同事：“本次项目复盘我想着重讲3点，是我们团队之前忽略的，为此险些产生巨额损失……”

3. 面对下属：“××上周被客户投诉过一次，希望引起大家的重视。”

4. 其他方面：“下个月要调来新的领导，听说很‘厉害’，大家绷紧点。”

相比利益点，危害点更能引起人的重视和警醒。因为相比得不到，人们更无法接受失去。

不管是爽点，还是痛点，如果你想让别人认真听你说话，最关键的是要契合对方内心深处的需求。美国心理学家马歇尔·卢森堡在《非暴力沟通》一书中整理出了每个人的基本需求。

序号	需　　求	具体需求
1	自由选择	选择梦想 / 目标 / 方向
		自由制订计划来实现这些梦想、目标和方向
2	庆　　祝	庆祝生命的创造力以及梦想的实现
		纪念人生的失落：亲人的去世或梦想的破灭等（表达悲伤）
3	言行一致	真诚、创造、意义、自我肯定
4	滋养身体	空气、食物、运动
		休息、住所、触摸、水
		免予病毒、细菌、昆虫及肉食性动物的伤害
5	玩　　耍	乐趣、欢笑
6	情意相通	美、和谐、激励、秩序、平静
7	相互依存	接纳、欣赏、亲密关系、社区、体贴、成长
		安全感、倾听
		诚实（使我们能够认识和超越自己的局限性）
		爱、信心、尊重、支持、信任、理解

当你说的话恰好能契合到对方的需求，对方的内心深处就会对你产生认可，将不由自主地被你吸引，并更为容易接受你的想法。

四、让你的发言“满足期望”

除了上述的爽点和痛点之外，梁宁老师还在“产品思维30讲”中提到了痒点。痒点满足的是每个人的虚拟自我，会让你情不自禁地把自己投射为故事中的主角，以自我的视角去过主人公的人生，以一个旁观者的角度去成为想象中的自己。当你在会上发言时，如果能看到大家内心对美好事物的向往和追求，并用恰当的辞藻对其进行激发和引导，顺应对方的心理，最终必然可以吸引对方的注意力。

第二节 | 怎么做，才能避免成为职场“隐形人”

有些员工，明明已经在公司工作了好些年，但默默无闻不为人知；而有些人刚入职没几天，就已经在整个公司出名了。究其本质，主要是看你会不会在团队中找到存在感。

一、让别人一下子记住你

在职场上，如果不刻意打造自己的形象，不展示自己的核心竞争力，就很容易被人忽略。“木桶效应”通常被用来形容一个员工的整体实力和核心竞争力。“木桶效应”，是指一只水桶能装多少水取决于它最短的那块木板。因此，每个人都应该思考一下自己的短板，并尽早补足它。

但与木桶原理求稳固的保守思想不同，反木桶原理是一种提倡特色凸显的创新战略，要求企业能打破思维定式，一切向前看，找准自己的特殊优势，开辟一个崭新的天地。

而这点，正好与秋叶大叔在《高效学习 7 堂课》一书中的观点不谋而合，即在工作中，你的成就往往更取决于你的优势。与其消耗时间在补足你不擅长的弱势上，不如把这个时间直接拿来发展你的优势，给自己贴上鲜明的标签，才能让你在最短的时间内从团队中脱颖而出，从领导那里获得更多的机会，这也是公司 HR 和领导所希望看到的。

1. 核心价值：专业技术性人才之所以在团队里让人印象深刻，就是因为他们在自己的领域进行深挖，做到了该行业和领域里的专精，让别人清楚地知道他们的价值、优势和核心竞争力。因此，你可以根据自己的性格特征、工作职责、团队角色等，综合盘点一下自己擅长的部分，从中找到你的职场利基，挖掘你的核心竞争力。

2. 专业领域：想要别人看到你的长处，知道你能干什么，不能干什么，最快捷的办法就是在你的专业领域不断地深耕细作，并持续输出，直到别人都知道，你是谁，你擅长干什么。擅长做 PPT，就抓住每个做 PPT 的机会去锻炼；擅长演讲，就利用一切机会，把汇报工作、会议发言、团队展示等都变成演讲。

想要让别人一下子记住你，就要做一个有深度的人。如果什么领域都想掺一脚，就会给别人造成混乱，搞不清你到底擅长什么；而根据自己的优势，为自己树立一个标签，并在此领域深耕发展，就容易让别人看到这个标签就能想到你。

二、让别人一直记得你

想要让别人一直记得你，就需要做一个有温度的人。

每个人都有遇到困难的时候，也会对能在关键时刻拉自己一把的人印象特别深刻。因此，如果你能在别人遇到困难时及时伸出援助之手，帮到对方，那对方就会一直记得你。

1. 专业领域：在帮助对方时，要尽量选择在自己专业领域范围之内的事情来帮。因为这样的事情是对方的弱项，对对方而言特别头疼，可能花费很长时间也不一定得出满意的结果；但对你而言是你的强项，可能三两下就能做出令人满意的成果，还能加固你在对方心里的专业性标签，可谓一举多得。“我比较擅长 PS，大家以后有啥照片要修可以找我哦。”

2. 紧急重要：很多人不管遇到任何事，都主动去帮助别人，想着以此获得别人的感恩，其实未必。你帮多了别人未必会记你的好，哪一天你没空帮不了别人，别人反过来还会记恨。妥善的处理办法是一般的忙不轻易帮，除非判断下来是非常紧急或者非常重要的事，你出手帮一下，会获得别人发自内心的感激。“你如果来不及做，我来帮你。”

相比锦上添花，雪中送炭更能获得别人的感激和认可。在对方困难时刻施以援手，不但能拉近彼此的关系，更能让对方时刻记着你。

三、让你的形象深入人心

想要让你的形象深入人心，就需要做一个有态度的人。有态度，就是指在做人做事方面有自己的一杆秤，可以根据事情的轻重程度，给予明确的肯定或否定。

做人有态度，是指能有一个明确的准则和底线，来引导自己为人处世的方向。哪些人可以深入交往，哪些人只能作为点头之交，心里要有清晰的界限感。

做事的态度，是指有一套严谨的行为规范，在潜意识中帮助你进行判断，哪些事情能做，哪些事情不能做，什么时候应该主动争取，什么时候需要坚定地拒绝。

美国自体心理学派创始人海因茨·科胡特曾经说过：没有敌意的坚决，不含诱惑的深情。这句话原本是指婴儿自我的发展需要父母“恰到好处”的回应。但笔者认为，作为一种回应方式，倘若将其放至现今的职场沟通情境里，同样成立。

没有敌意的坚决强调合理地否定，既要对对方的不当行为进行纠正，同时也不能让自我的情感过度投射到对方身上，在局面上造成“敌意”。虽然不同意对方的观点或做法，但对事不对人，你对对方并没有恶意。

不含诱惑的深情强调合理的肯定，既要对对方的行为提供包容，同时也不能放纵其为所欲为，造成对方的过度膨胀，这就是一种“诱惑”。同意对方的观点或做法，是因为符合自己的价值观，而不是因为其他因素。

像这样，明确地就某些事情予以表态，展现自己清晰的价值观，对正确或合适的事予以真诚的肯定，对错误或不恰当的事情予以坚决的否认。在公开和私下场合做到言行一致，让你的形象在别人心目中立体起来，让大家都知道你是一个怎样的人。

1. 肯定态度：当面对竞争对手，或者有过节儿的人时，你能否公正客观地看待对方的为人处世，能否对事不对人地对对方予以中立的评价，能否在对方获得成就时给予真诚的肯定而不是嫉妒的嘲讽？客观给予肯定的态度，能帮你吸引更多同频人，获得更多的尊重和敬佩。“这个客户确实难搞定，你太厉害了。”

2. 否定态度：如果某些事你并不愿意承担，却因为害怕破坏关系而选择隐忍接受，你就会失去自己的态度。没有态度，对方也不会把你当回事，甚至会得寸进尺；相反，在初次触犯到自己的原则时，及时提出否定或拒绝，反而会让对方对你另眼相看，不敢轻易糊弄你。“不好意思，这件事我做不了。”

每个人都有自己的个性，在一个团队中，个性鲜明、有态度的人往往更容易被人记住。而那些总喜欢把“随便”挂在嘴边、逆来顺受的人，人际关系上看似一马平川，但却少了最重要的记忆点，以至于特别容易被人忽略。

四、让存在感存在得刚刚好

每个人都希望获得他人的重视，提高自己的存在感。但过度的存在感只会让人生厌，并在团队的人际关系中起到反效果。到底说些什么会变成存在感过度呢？

1. 一遍又一遍述说自己之前成功的经历；

2. 总是觉得别人讲得不对，每次都要发表自己的“高见”；

3. 抓着别人的短处不放，“好心”教别人该怎么做；

4. 总是放大自己的功劳，忽略团队其他成员的努力等。

主动表达是避免隐形、快速取得存在感的好方法，但一切皆有度，恰到好处的表达能让彼此都舒适，过分表达只会让你在团队中茕茕孑立。

第三节 | 领导让你做工作汇报，怎么说才能获得领导的赞赏

领导要求你做工作汇报是很常见的事情。工作汇报做得好，加薪升职自然少不了；工作汇报做不好，只能眼巴巴地看着别人升职加薪，自己却还停留在原位。

一、把汇报做得又快又好

作为一个团队的领导，每天需要处理各种各样的事，因而时间就会比较有限。你花了很大力气，把工作汇报得非常详尽，却往往得不到领导的好评，主要就是因为你太啰唆，没有抓住事情的重点。

金字塔原理是麦肯锡公司一位叫芭芭拉·明托的顾问提出的一个方法论，是训练人们逻辑思维、逻辑表达最有效的工具之一。其中最为重要的核心思想就是：在表达时，要自上而下，结论先行。

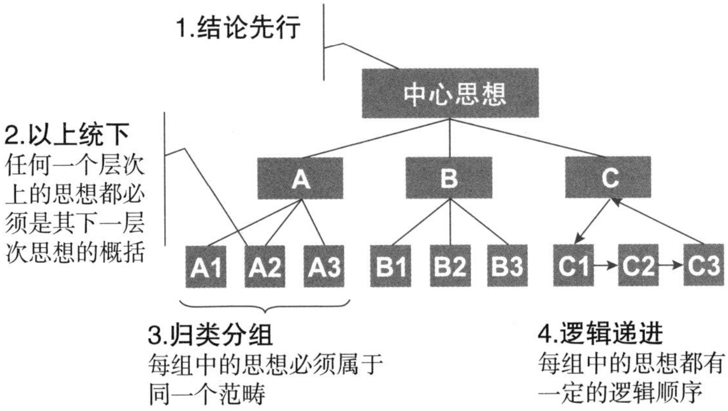

图 3–1　金字塔原理

自上而下地表达，就是先把你的中心思想、总论点（金字塔的塔尖）传达给对方，再进一步展开，描述可以支持总论点的分论点。而不要从分论点入手，让对方摸不着头脑。HR 认为，如果按照这样的顺序，将使你的工作汇报事半功倍。

1. 介绍梗概：在和领导汇报工作时，一开始就要把汇报的时间、事宜用简练的语言先交代一遍。就像做演示文稿或者看书一样，把汇报涵盖的几个方面用最快的速度过一遍。这样可以方便领导对时间和重要性有一个预判。“领导，今天的会议可能需要占用您 20 分钟时间，主要有 3 个内容，第一……第二……第三……”

2. 提炼重点：在和领导汇报工作时，在一开始就要用最精练的语言把每个议题的重点提炼出来，如果对方感兴趣，或者时间充裕，你就可以直接说下去；如果对方不感兴趣，或者时间有限，你就可以直接进入下一个议题。“领导，第一件事主要是关于项目合作方的选择，目前符合我们要求的合作方一共有 3 家……”

通过这样的方式，能帮助领导更为直接、清晰地做好信息提炼，更快速、更有效地帮助领导做好听你汇报的时间分配。

二、领导喜欢的提案方式

对于议题的主旨要高度概括，但对于其分析则要细致全面。在给领导提方案、做举例的时候，要从不同维度给予领导客观的建议。维度最好控制在 3 点以内，并且需要符合 MECE 法则。

金字塔原理中的 MECE 法则，即“相互独立、完全穷尽”。简单点说，就是各个要素之间要保证不能有交叉，也不能有遗漏，即“不重不漏”。也就是说，对于一个重大的议题，能够做到不重叠、不遗漏地分类，而且能借此有效把握问题的核心，并找到有效解决问题的方法。

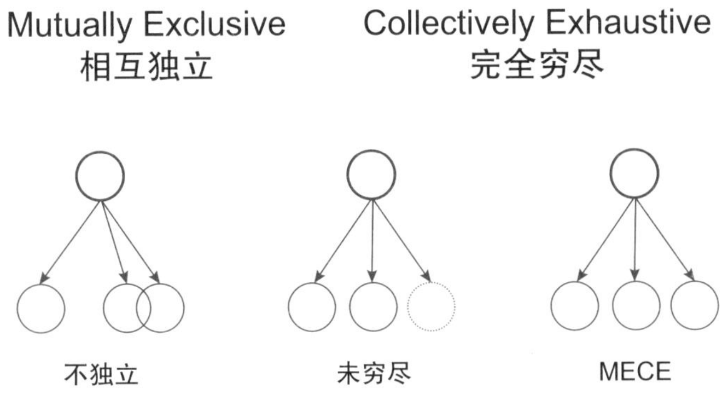

图 3–2　MECE 分析法

通过 MECE 法则对信息进行整理，规避逻辑混乱和重复，能帮助对方做出准确的判断，达到领导的期望。

1. 做选择题：领导都喜欢做选择题，而不是问答题。在日常工作中，总有些人在遇到问题时，不是首先想着如何解决，而是先向领导汇报、请示解决办法，这是让领导做问答题；把解决方法按照不同层面梳理分类，给领导提供所有有效信息让领导选择，这是让领导做选择题。“领导，关于供应商的情况，我选出了较为符合要求的 3 家，第一家是……第二家是……第三家是……”

2. 补充论据：在每讲一个选项的时候，要做好补充论据的准备。补充论据可以是数据、故事、消息、相关材料等，是用来辅助证明你的观点的。同时，补充论据也需要尽量精简，让对方能快速看到和议题的因果关系；如果太过繁复，反而会耗费对方的思考时间，加大决策的难度。“关于第一家合作方，优点是……缺点是……”

让领导做选择题的员工，通常会对每件事都进行深度思考和分析，在工作上极具主动性。他们在减轻领导负担的同时，还通过不断地对工作进行梳理和总结提升自己的能力。

三、领导问你意见时可以这样回答

给出领导所有的选项，最后一步就是帮助领导一起判别筛选重要信息，促成决策。

当领导问你意见时，有些人会担心自己的回答没有办法让领导满意，因此避而不答；有些人会急于想向领导表现，过分推销自己的想法，期望改变领导的决策。而这两种做法都不合适。

避而不答会让领导觉得你没有自己的想法，对事情没有判断能力和总结能力，这样的员工，即使工作做得再出色，也很难得到进一步的发展而过度推销，会让领导觉得你在炫耀资本，掩盖领导的锋芒，无形中增加对方的压力，反而会加强他对你的提防。

作为企业 HR，我们更希望看到的是：在做汇报前，你能有自己明确的判断和指向。当领导问到时，你可以有所表达；当领导不问时，你可以选择有所保留。

1. 对事态度：在给出领导选项和补充论据后，领导可能会问你的看法。这时不要因为怕说错，不敢说自己的想法。而要根据自己整理的信息，结合领导布置工作任务时讲的重点，对信息进行进一步的筛选，大方地讲出你的想法，并讲述原因。“领导，我觉得第二家合作方案更合适，因为这次我们的目的是要对外展示我们公司的实力，第二家合作方虽然价格上不是最优，但承接过很多大型项目，相关临场经验一定丰富一些……”

2. 对人态度：在大方地讲述自己的想法后，还要谦虚地询问领导的想法。有时，领导和你看事情的角度不同，可能会做出不一样的决定。“领导，我的想法可能比较不成熟，所以想听听您的意见，我可以从中学习一下。”

对于事情，你可以大胆地发表自己的想法；但是对于人，你要尊重领导的决定。

四、工作量恒定守则

布利斯定理，是指用较多的时间为一次工作事前计划，做这项工作所用的总时间就会减少。总的工作量是恒定的，你在前期的信息收集和处理越是细致，领导后期的决策越是便捷。你前期不作为，让领导来给你梳理要做什么，甚至怎么做，表面看起来是轻松了，但如果领导要决策，自然还是要让你做所有信息的收集、整理和筛选。你的工作显然只是少了一个思考的过程，但这却是影响到你职业发展的关键一步：一个工作完全不动脑筋、缺乏主观能动性的人，领导为什么还要考虑给你升职加薪呢？

第四节 | 僧多粥少，说些什么才能从领导那里获取更多的资源

在职场上，大家都想获得更大的成就或发展，也都想从领导那里获取资源。但资源是有限的，到底怎么做才能让领导愿意把资源都给你呢？

一、打动领导的话语要这样说

很多人会觉得资源和机会转瞬即逝，为了抓住它们就该先下手为强，于是在还没有搞清楚领导的想法前，就一哄而上争抢资源，却往往因准备不足而一无所获。

笔者在职场近10年，和不同职能部门的领导都打过交道后得出：领导的想法是产出，也是回报。当你向领导要资源时，领导首先会评估你现有的资源可以给他带来多少的产出回报，在你身上投入更多的资源能否获得更大的投资回报比，才决定是否给你资源。因此，当你在要资源前，首先要了解领导的想法，而不是一厢情愿地陷入自己的想法中不可自拔。

1. 确认预期：只有先了解领导的预期，才不会把事干偏，才能

把事儿做到点子上。因此，你需要清楚地知道领导的预期是什么，这些预期是不是自己调配手头上的资源能搞定的。“领导，我想先明确一下，您对这次展会的具体要求是……”

2. 盘点资源：有时并非领导紧握资源不给，问题的关键在于：你能否证明自己的确缺少资源。如果领导认为现有资源能顶得住，他绝对不会给你更多资源。所以，在讨资源前，你要做的是精确地测算出现有的资源到底能办成多少事。“领导，根据您的要求，我们团队现在手上可以调用的资源是……我计算了一下，可以勉强完成您所要求的90%。”

之所以会分配资源给你，说明领导认为你手头上的资源不足以完成他的预期。因此，如果你想要从领导那里获取资源，首先要搞清楚领导的预期，其次才是证明自己的资源不足，去根据预期申请资源。

二、动摇领导的内心就成功了一半

想要成功地获取资源，就要运用同理心，搞清楚领导预期背后的顾虑是什么，有什么样的痛点。只有帮助领导解决了痛点和所顾虑的问题，领导才会更愿意把资源交给你。

同理心，是指一个人要想真正地了解别人，就要学会站在别人的角度来看待问题，也就是人们在日常生活中经常提到的设身处地、将心比心的做法。在向领导要资源时，要运用你的同理心，设身处地地为他考虑，猜测他面临怎样的处境、困难、境地，表达你对他做法上的认可以及对他顾虑的理解。

《沟通的艺术》一书中提到，同理心包含3个面向。

1. 观点采择：终止自己的论断，试着理解对方。

2. 情感面向：体验别人恐惧、喜乐、伤心的感受。

3. 关心福祉：不光是要和对方有一样的想法和感受，更要真实地关心对方的福祉。

当你越能关心、理解你的领导，也就越容易获得他的理解和关心。当双方的理解和关心越来越多时，更利于彼此朝着共同的目标前进，对方也就更容易答应你的请求。在向领导申请资源时，笔者建议调用你的同理心，至少从以下两个方面进行考量。

1. 资源风险：在要资源前，先要具体说明如果按照现有资源进行，存在的风险是什么，让领导看到你的主观能动性和大局观。在陈述的过程中，要尽可能从不同维度来评估这个风险，增加领导的重视。“领导，我们团队的人手比较紧缺，按照之前的评估，每人每天需要加班 2 个小时，才能完成这个项目，但因为加班，每个月会额外产生 2 万元的加班工资，而每天的加班效率并不高……”

2. 领导顾虑：你也可以站在领导的角度揣测他有什么样的顾虑。比如，如果把资源给你了，会不会引起其他同事的不平衡；或者你之前的表现是否让领导失望过，使他觉得把资源给你，你也无法发挥它的效用等。通过抽丝剥茧，彻底搞清楚领导的顾虑，才能对症下药。“领导，我感觉您可能会担心……”

阐述现有资源的风险以及挖掘领导背后的顾虑，能分别从事物的不同维度，帮助领导进行全面考虑与测评，以及对资源的分配进行慎重的规划。

三、推动领导决定的议案

明确了领导的预期，也了解了领导的顾虑后，你就可以有针对性地制定相关方案，来解除领导的顾虑，向其争取资源。

1. 制定方案：争取资源，要讲究方法和策略。最基本的就是你需要拿出不同的解决方案，分别对每个方案需要匹配多少资源，解决领导多少痛点，达到多少成效给予一个精确的评估。让领导看到你能做的和他的预期的匹配契合度，可以根据资源调配的情况合理管理对你工作上的预期。“领导，我根据手头的资源，分别做了几个解决方案……”

2. 承诺信心：给予领导明确的承诺和信心，承诺资源利用思路和方法，承诺资源使用收益。在获得资源前努力争取，为履行承诺做最好的准备；获得资源后努力履行你的承诺，为下一次争取资源做准备。“领导，谢谢您对我的信任，我一定不辜负您的期望，按照今天我们讨论的方案落实好每一步，并定期向您做反馈。”

不管是否从领导这里得到了资源，你都要定期向领导做好反馈，让领导看到你对资源的使用情况以及工作的进度，说不定在反馈的过程中，领导因为对你的表现满意，给你追加资源了呢？

四、如何获得领导的信任

说到底，领导有疑虑还是出于对你的不了解和信任的缺失，所以你需要尽可能多地向领导打造你的“信任”标签，最简单的方法就是尽全力实行你的提议，交付成果，强化领导对你的信任。

如果你成功了，兑现自己之前的承诺，领导对你的信任和信心就会增加一分，下次你的提议也将被质疑更少，更容易通过。这就是一个良性的闭环。如果你失败了，没有达到预期，领导就会觉得当时的顾虑确实没错，你所有的可行性承诺都是废话，你是一个只会嘴上说说的人，落实到行动就不行。对于这样的情况，你下一次的提议将受到更多阻碍，这就是一个恶性循环。

第五节 | 年底如何和领导谈升职加薪

每个人都希望升职加薪的事能落在自己的头上。但每当到了调薪的节点，有些人三言两语就能很轻松地通过申请，而有些人使出浑身解数，却始终不得其法，以失败告终。

一、搞清自己能不能加薪

很多人觉得随着工作年限的增加，升职加薪是一件理所当然的事。如果哪天突然不给加薪了，在心理上就会接受不了，并用一种错误的方式向领导讨薪。根据笔者暗中调研，有些谈薪方式会让领导尤其反感，比如碰到如下情形，加薪不成，往往还会适得其反。

1. 大谈资历

有些员工会觉得自己这么多年，对公司忠心耿耿，没功劳也有苦劳，以此让领导给自己加薪。可是作为领导，他会衡量你都做了些什么，业绩如何，参与了多少大项目等。因为拿不出有质量的“功劳”，所以只能用数量堆积的“苦劳”来说话，如此的量变是产生不了质变的，领导不找你麻烦就已经很好了，你居然还敢用这种没出息的加薪理由谈条件？

2. 相互比较

有些员工不知道从哪儿打听来别人的薪酬，就去和领导理论同工不同酬，要求领导一碗水端平。作为领导，最厌恶的就是员工互相打听、攀比薪水。有纠结为什么别人工资比你高的工夫，不如想想自己哪里不如人，知识、技能还是资源？

其实，很多人总是觉得是领导故意刁难克扣，不给轻易加工资，但事实往往却是你根本没有达到领导的加薪标准。如果不知道领导的标准，即使你做到了也可能加不了薪；反之，如果你了解了领导的标准，那么做到了，加薪自然水到渠成。

因此，对于员工来说，想要获得期望薪资，一定要先搞明白自己的能力和期望薪资之间的差距，并以自己的努力尽量去缩小或者消除这个差距。具体建议如下。

1. 询问标准：加薪的标准，要在平时就有所知晓。在平时不经意间可以询问领导对你的期望和标准，这样你就可以知道有哪些是自己已经达标的，哪些是仍然需要努力的。“领导，我想向您讨教一下，对于我的个人发展而言，您能否给我一些具体的建议，让我可以更清楚自己的情况，有一个明确的努力方向。”

2. 客观分析：在明确了领导的标准之后，你就可以和领导客观分析一下自己的情况。对于有些已经达标的地方，可以和领导进行确认；对于那些尚未达标的部分，你可以和领导说明，并对其制订有针对性的计划。“领导，对于您前面提到的第 1、2、3 点，我觉得自己做得基本上还是比较好的，对于第 4 点，确实是我的弱项，我想以后我可以……您觉得这样可行吗？”

提前知道领导的标准，就有充分的时间和余地进行行为上的调整，就能让领导看到你在努力朝着他的期望迈进；如果是到了加薪的时间节点，再去谈标准，你根本没有时间再去挽回和补救，领导自然没法给你加薪。

二、想升职加薪就用业绩说话

领导不会平白无故给一个什么活都没干的人加薪，因此想要提薪升职，笔者建议你要拿出实质性的工作业绩，告诉领导你这一周期的工作情况。

1. 总结业绩：你可以跟领导摆事实、亮数据，做个业绩对比，和自己的同事对比，和以往的数据对比，和同行业的平均水平对比，以此说明自己的工作效率和目标实现情况等。突出自己在工作上兢兢业业，拼搏向上。“今年一整年我给公司带来的业绩总量为……占我们总销售额的 30%……”

2. 对标标准：把你的业绩和当初领导定下的标准作对比，一方面证明自己的努力初见成效，已经达到领导期望；另一方面说明自己听从并接受领导的意见，领导教导有方。“领导，这是今年年初咱们商定的目标，现在我的完成情况是 120%，较以往超过了 30%……”

通过这样的比较，帮助领导回顾之前的谈话内容，给自己的加薪找到依据。如果你充分证明了你一个人可以比三个人做得更好，领导还有什么理由不给你加薪？

三、让领导为未来埋单

从 HR 的专业角度来看，在公司内部，同一工种的工资确实是有“上限”的。而此时，如果你再按照之前的涨幅来申请加薪，确实是很难达到期望的。因此，笔者建议，在薪酬谈判的后期，只有不断“要”到更多职责，自带附加价值，才是确保提薪的成功路径。

1. 核心竞争力：要明白相比其他人，自己的核心竞争力在哪里，不可替代的部分是什么。你的薪资不是和你的劳动成正比，而是和你的核心竞争力成正比。在找到了自己的核心竞争力后，你就能和领导提升职加薪。“领导，我完成了公司给我的业务指标，超出了 ××，和其他销售员相比排名是 ××，我可以在未来更好地为公司做贡献……”

2. 更多职责：当你的薪酬到了某个职级的天花板，想要争取更多的薪酬，就需要越过这个职级的天花板，到另一个职级里去——也就是在本职工作上，增加你的职能范围，朝另一个职级跃迁。向领导争取更多的职责，通过完成这些职责来让领导给你加薪才是可持续的方法。“希望领导可以给我承担更多职责的机会，这样能对我 ×× 方面的能力有所锻炼。”

谈提薪升职，你需要承担更多的责任，提供能够更多地创造未来价值的证据，而未来价值就是靠你的核心竞争力来做背书！因此，增强你的核心竞争力，并且主动争取更多的责任，才是你升职加薪最有优势的一面。

薪酬谈判不只是谈钱，其实谈的也是机会。HR 建议，如果一时半会儿升不了职，即使提出升职加薪，领导也是模棱两可的态度，与其这么干熬下去，不如借这个时候争取一些其他方面的发展机会。

1. 工作职责：不管加薪成功与否，你仍然可以请求领导增加你的工作职责。和领导先摆明态度，事儿先干起来。提薪升职成不成，用行动说话。“领导，我比较擅长 ×× 这块，不知道我是否可以尝试

××项目呢？”

2. 培训机会：根据领导提出的具体缺失，通过申请培训机会来弥补，也是一种变相提薪。“领导，您前面提到我的××能力还需要加强，最近公司正好有关于××方面的培训，我是否可以得到您的支持去参加呢？”

四、慎重填好你的请求志愿

补偿心理提到，当人们拒绝了一个较大的要求后，对较小要求接受的可能性会出现增加的现象。一般情况下，领导已经拒绝了你一次，你的第二次请求会更容易被接受。因此，为了更好地实现你的期望，在谈提薪升职前，要事先在脑子里想一下可回旋的余地，才能做到见招拆招，及时“调转枪头”，利用补偿心理实现你的“第二志愿”。

第六节 | 该怎么表现，领导才会放心把核心资源交给你

为了得到领导的重视，很多人事事把领导放在首位，积极表现，就是为了有朝一日能接过领导手中的接力棒得以转正。那到底应该怎么做，才能让领导放心把核心资源交给你呢？

一、事前：解除领导的担心

领导愿意提拔的人，必然是在为人和处世两方面都极为突出的人。因为会做人，所以遇事能帮领导分忧；同时又因为会做事，所以能让领导特别省心。彼此相得益彰，形成正向循环。

在一个部门里，领导会喜欢怎样的下属因人而异，一千个人眼中自然有一千个哈姆雷特。但经笔者多年观察来看，就脾性而言，领导一般都会选择和自己更为相似的；但就做事风格而言，有些领导会选择和自己相似的，有些则会选择和自己互补的。而这正好验证了人际吸引定律中的相似性与互补性所起到的作用。

相似吸引律，是指“物以类聚，人以群分”，人们通常喜欢那些在各方面与自己存在某种程度相似的人，主要是在态度、信仰、爱

好、兴趣等方面相似。

在上下级的相处过程中，领导倾向于培养一个和自己相似的员工，因为彼此的想法一致，让“继承者”更容易领会领导的意图，达到事半功倍的效果。和这样的员工在一起，由于思想上能达到高度同步，让领导感觉所有事情都会很“顺”。

互补吸引律，是指双方的个性或需要及满足需要的途径正好为互补关系时，会产生强烈的吸引力。

领导会选择培养和自己互补的员工，因为想法上的不同，会让领导全面地获得不同维度的观点，帮助其完成更为优质的决策。和这样的员工在一起，每天都会碰撞出不同的思维火花，让领导感觉既安心又有趣。

一个人的个性脾气是不可能在短期内迅速改变的，但不管你的脾性如何，笔者都建议你在和领导相处时，培养自己多角度思考的习惯，帮助领导做好事情的种种预判。只有这样，才能在关键时刻助领导一臂之力。

1. 事前安排：在做工作前，要对工作进行仔细的准备和梳理。在事前做好充分的准备，领导问及时才可能对答如流。只有事事都走在领导前面，领导想不到的地方都替他想到，领导才会觉得你为人可靠。“领导，这是 ×× 项目的背景材料，这是相关的财报，这是同类型项目其他公司的相关材料收集和对比，还有什么需要的您吩咐，我去准备。”

2. 遇事回应：遇到事情时，要对其有敏感度，针对事情不同的情况及维度进行分析。如果发现事情有不确定的因素，存在某些风险领导并没有意识到的，一定要快速回应，上报领导，让领导有足够的时间进行思考、统筹、调配等。而不是碍于领导的权威，明明已经发现了问题的端倪却不吱声，任由问题不断扩大，造成无法挽回的损失。“领导，刚才会议上您提到的 ××，根据之前的调研来看，可能会存在 ×× 的问题……”

事前能安排到位，体现了你做事的细致；遇事能快速回应，体现了你对事情的敏锐。有你这样的“军师”，领导会觉得很安心。

二、事中：让领导放心

凡事有交代，件件有着落，事事有回音，是一个职场人靠谱的表现。笔者建议，如果你能在事情的推进过程中主动和领导进行汇报，而不是等着领导事事都来问你，就能让领导觉得你做事很靠谱，领导也就能放心把事儿交给你。

1. 反馈进程：从领导手中接过任务时，可以主动和领导确认汇报时间。首先，可以让领导对你工作上的欠缺有所指正，提高工作的完成度；其次，可以让领导对你的工作了如指掌，增强领导的掌控感；最后，还可以让领导顺利地应对上级的询问，增强领导汇报的自信心。“领导，×× 项目这两天的进展如下……”

2. 同步消息：领导很多时候无法面面俱到，有可能只能看到人前，不能顾到人后。因此，在事情发生的过程中，有任何消息都要及时知会领导，让领导做到手中有粮，心中有数。告知领导正面的消息，让领导把控有利的局面；告知领导负面的消息，让领导防患于未然。“领导，有件事我觉得应该向您汇报一下……”

积极反馈，表达了对领导的重视；同步消息，表现了对领导的尊重。在事中和领导进行不断的沟通，帮助领导了解事情发展的每一个环节，对工作的结果进行高度把控。

三、事后：为领导分忧

事后能为领导分忧的人，必定是一个懂得处理善后工作的人。善后，是指处理事务的后续问题，妥善处理事情发生后的遗留问题。会干活的人，不但会帮助领导将事情完美地收尾，把工作的操作步骤规范下来；还会主动把麻烦的事情处理完，替领导分忧解愁。而就是这“多一步”的小动作，能让你和领导的关系突飞猛进。

1. 规范操作：你可以把你的工作经验梳理成规范的流程，并用文字的形式保留下来，把工作系统化，方便之后的同事可以顺利地交接或过渡。这样一方面能让其他同事在你不在的时候顺利地完成工作，另一方面统一化将更利于整个部门的运营和发展。“领导，这是我按照上次您的指导梳理的关于 ×× 工作的流程，您可否抽空帮我看看给点建议。”

2. 承担过失：领导也是凡人，也会犯错。当你出错的时候，领导能挺身而出替你承担责任；当领导偶尔失误时，你也可以主动将失误揽过来，分担责任。你能正视失误、勇于承担，领导一定会对你有更好的印象，将来有机会必定优先给你。“这次主要是因为我的失误才导致项目的失败，是我的责任……”

在事后帮助领导善后收尾，解决领导的后顾之忧。以后有什么事，领导一定第一个想到你；有更好的机会，也会第一个考虑你。

四、懂得藏拙

犯错误效应中指出，小小的错误反而会使有才能的人的人际吸引力提高。领导喜欢有才能的人，但如果一个人的能力过于突出，强到足以使领导感到担心，事情就会向反方向发展。因此，如果你是有才之人，最好的避免功高盖主的办法就是，不要过于“包装”自己，追求锦上添花，而是不时地犯一些小错，并且在犯错后，诚心地接受领导的建议，努力改进。

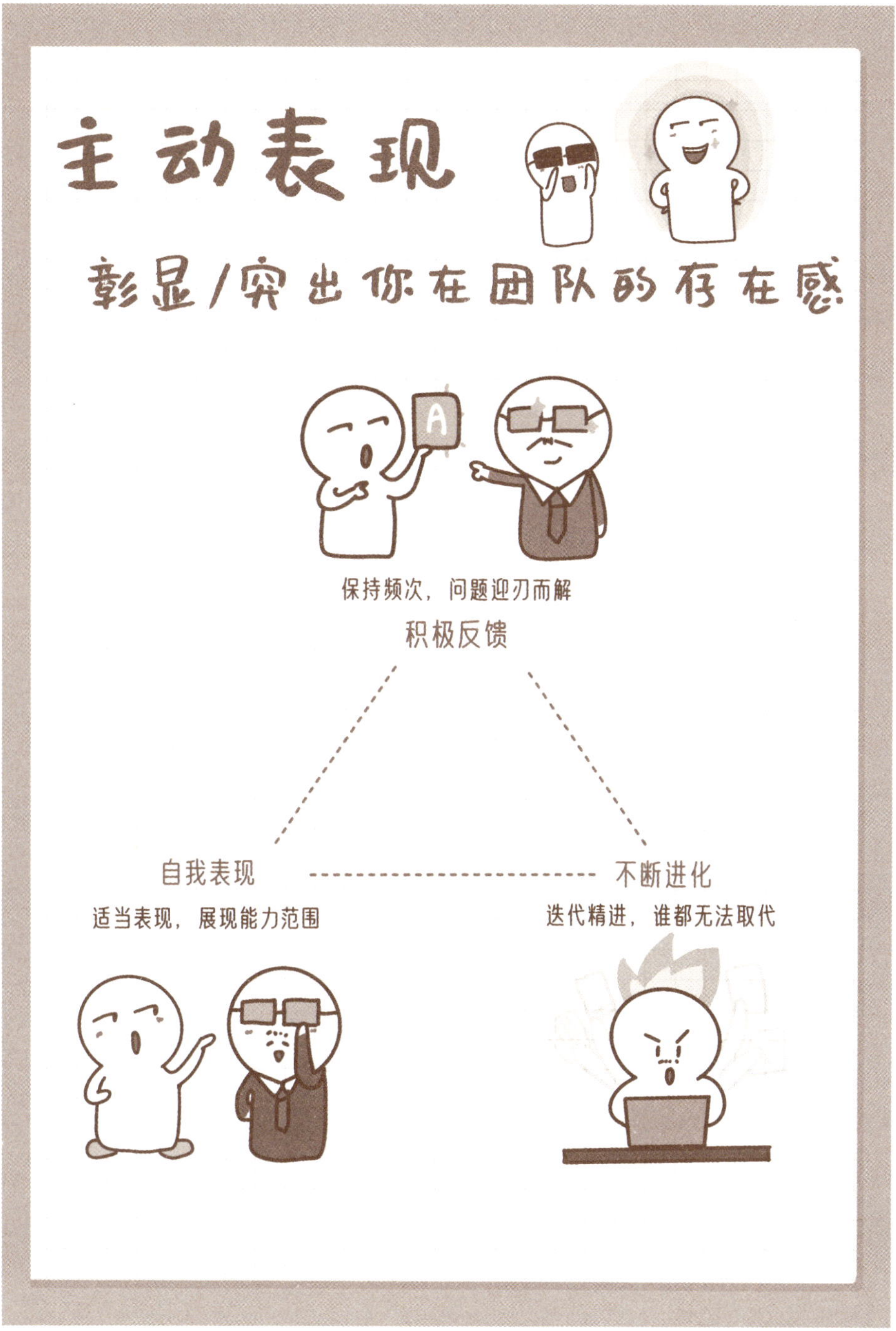
主动表现
彰显/突出你在团队的存在感
保持频次，问题迎刃而解
积极反馈
自我表现
适当表现，展现能力范围
不断进化
迭代精进，谁都无法取代

TEAM
COMMUNICATION

第四章　精准表达，把话说到人心坎里

第一节 | 如何说服同事把你的事当成他自己的事来做

既然是团队合作，你总免不了要有求于别人，也免不了被别人有所求。在求别人办事时，如果对方能把你的事当成他自己的事来办，就会让你感觉备受尊重，对于所托之事也会额外放心。

一、卸下对方的心理压力

求人帮忙，谁都希望对方把你的事放在心上，办得认真、细致一些。但如果处理失当，很容易造成对方的心理压力，让原本想帮你的人都不敢轻易接受你的请求：对方会担心因为自身原因做得不好误你的事，影响你的进程，造成你的损失。

知道这一点后，你就可以从以下方面入手，先一步打消对方的顾虑。

1. 事务冲突：在请求别人帮你办事之前，先客观地搞清楚对方这段时间有没有事务上的冲突。如果有，则尽可能地去帮助对方协调这些冲突，比如和领导打招呼，或者把对方的这部分工作承接过来，或者分担出去，等等。这样，解放了双手，对方自然能将更多的精力投入到你的事情上。“我知道你手头正好有事儿在忙，不用担心，我已经和领导提前打过招呼了。”

2. 时间顾虑：求人办事，如果把时间压缩得太紧，会让对方倍感压力，这样对方就不容易答应你。因此，要在时间上放宽，留出一定时间上的富余，以减缓对方的承接压力。同时，在对方帮忙的过程中，避免反复催促，给对方更多的自由度。“你可以先忙，等空下来再做这件事，我不着急。”

3. 排除追责：如果你的事情难度很高，对方势必会担心无法完成而受到你的责备来推辞你的请求。因此，你最后可以在事情的完成度上有所商榷，让对方心里的最后一块石头落地。告诉对方只要尽力去做，无论结果如何，由你来承担事情的所有责任。“你不用担心，如果到时候这件事没做好，你不必承担任何责任，我会全权负责的。”

排除事务的冲突、时间的顾虑以及完成度的追责，从客观上帮助对方解除所有顾虑，对方才会有更多的时间和精力主动从你手中接活，努力帮你干活。

二、推动对方大展拳脚

很多人不敢轻易接活，主要是担心自己手头的资源不足以把这件事干好，才不敢轻易答应。因此，在求人帮忙前，可以把资源都整理一遍，确保到时候可以配合对方的需求。

1. 现有资源：根据预测的资源列出清单，盘点有多少人力、物力、财力等是现有的，多少资源可以马上搞定，多少资源搞不定，又正好是影响事情能否成功的关键资源。如果这部分资源正好是对方有的，那正好能完美匹配；如果这部分资源对方也搞不定，那很可能对方也会因此而拒绝你。

2. 提供支持：询问对方哪些地方需要你的支持，通过表明自己的态度，降低事情的难度，从而增强对方的信心。“无论需要什么资源，尽管和我提，我去申请，你只管一门心思往前冲就行了。”

找对方帮你忙，不是简单地把事儿丢给对方去做就好，而是要想办法资源共享，相互助力。给对方更多的资源扶持，就等于给对方更多信心和能量来帮你把事儿干好。

三、引导对方发自内心

美国心理学家亚伯拉罕·马斯洛从人类动机的角度提出需求层次理论，该理论强调人的动机是由人的需求来决定的，而且人在每一个时期都会有一种需求占主导地位，而其他需求处于从属地位。以下是不同员工的心理需求。

1. 普通员工的需求：生理和安全

普通员工的需求主要体现在下两层，即生理和安全的需求层次上。对普通员工来说，是否被团队所接纳，安全地在团队发展下去，以及通过自己的努力换取相对应的报酬，是这个阶段员工最为看重的。

2. 骨干员工的需求：社交和尊重

优秀员工的需求主要体现在中间两层，即社交和尊重的需求层次上。对优秀员工来说，是否被团队所敬仰尊重，是否可以拓宽自己的社交圈子，链接更多的人，是这个阶段员工最为看重的。

需求层次分为 5 个层级，是由低到高逐级形成并得到满足。而且人在每一个时期都会有一种需求占主导地位，而其他需求处于从属地位。

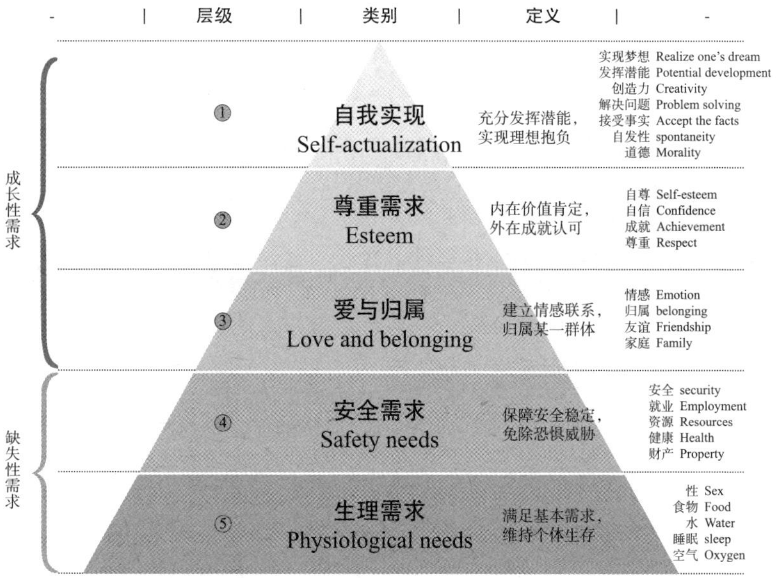

图 4–1　马斯洛需求层次模型

3. 管理职能员工的需求：自我实现

拥有管理职能的员工的需求主要体现在上层，即自我实现的需求层次上。对管理职能的员工来说，是否有一定自主权，有更大的平台可以施展自己的才华，以及被赋予做更有挑战性的工作，实现自己的价值，是这个阶段员工最为看重的。

别人之所以对你的事不够上心，主要是因为他并不认为这件事与他有关。想要让对方发自内心帮你做事，你就要了解对方的心理需求，把你的事情和他的需求联系起来。让他感觉帮你就是在帮他自己，满足他自己的心理需求，他也是这件事的受益者，这样他必然会认真对待。

1. 内在需求： 要让一个人从内而外、心甘情愿地做事，就要让这件事为他赋能。找出对方内在的心理需求，与这件事背后的意义相结合，让对方从心底觉得，做好这件事不单单是在帮你的忙，更重要的是满足了他自己的心理需求，对他自己的成长也有很大的好处。“其实我一直觉得你的能力特别强，就是差一个展示的机会，我也一直在和领导推荐你，因此领导也希望通过这次的项目看到你的实力。”

2. 外在成就： 让对方看到，虽然现在是在帮你做事，可是对他未来的发展也有更多好处。可以把这件事的复利告知对方，比如能产生怎样的影响，能让别人怎样看你，能在这个领域打造自己怎样的标签等。让对方看到帮你做这件事能给自己带来的短期和长期回报，从而激发对方的动力。“这件事放在现在你可能觉得没什么，可是如果做好了，你的身上就会多一个标签，将来在公司打造人才梯队的时候，也就比别人多了一次发展的机会。”

用内在需求和外在成就来激励对方，让对方能感觉到这件事对他的意义，从而激励对方把这件事当成自己的事来做。在此基础上，当你有求于对方，对方不但不会推辞，反而会感激你给他机会。

四、满足心理需求是解决一切问题的关键

你无法在制造出问题的同一个思维层次上解决这个问题。对马斯洛需求逻辑层次的理解，能够帮助一个人突破限制性的信念。当你卡在一个地方时，或许跳出这个框架，去更高一个层级进行俯瞰，

当下的困境便能顺利化解。想要让同事心无芥蒂地帮你做事，就要在他原本或是高一级别的层次上去引导他思考。当你准确找到这个点，满足对方的心理需求，对方也就愿意真心实意地帮你了。

第二节 | 想要安慰人，就说这3句话

当别人难过时，该怎么安慰，才能让人尽快从悲伤中走出来呢？

一、我知道你很难过

想要安慰别人，就要让对方得到心理上的抚慰，而不是表面上的情绪敷衍、原因分析和行为上的责怪。只有从对方的情绪出发，接纳对方，与对方产生共情，才能达到疗伤、安慰的效果。

美国心理学家、人本主义心理学的主要代表人物卡尔·罗杰斯提出，共情是指体验别人内心世界的能力。每个人的经历不同，对事情的看法不同，自然共情能力也不同。想要获得更好的共情能力，你就可以借助情绪轮模型（又称情绪花瓣），扩张你的情绪边界，这样就更容易触及对方真实的想法。

美国心理学家罗伯特·普洛特契克开创了情绪进化理论，将情绪分为基本情绪和反馈情绪。给予情绪清晰的定义和分类，帮助你更准确地了解对方的情绪。

你可以先通过辨别对方的基本情绪（狂喜、警惕、愤怒、厌恶），

再在反馈情绪上（狂喜、快乐、宁静）和对方进行进一步的确认。

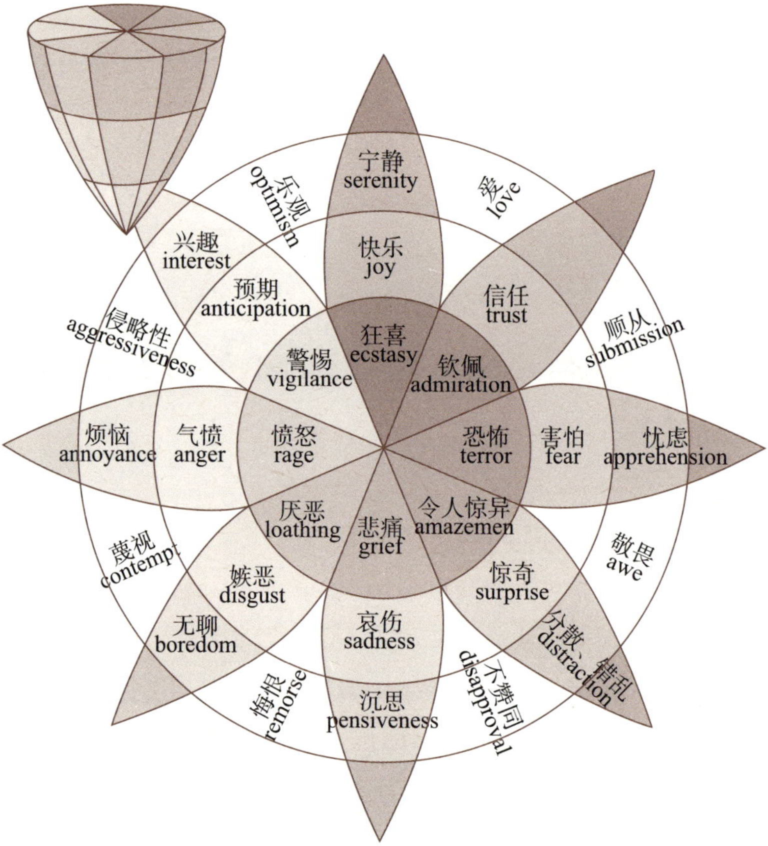

图 4–2　基本情绪

当别人伤心难过时，这时候最需要的是对方的理解，而不是"好心"的劝解和说教。真正适当的安抚，应该通过共情对方，让他感受到你对他的尊重。

1. 默默陪伴：当对方还在情绪中，还没缓过来时，不管你有多担心、多好奇，都要忍住提问的想法，给对方一定的空间，并默默陪伴在对方身边。同时，也可以适当地给予对方动作上的安抚，比如拥抱、拍肩、握手等。对对方而言，这是一个对情绪自我梳理消化的过程，此刻你的陪伴就是对对方最好的尊重。

2. 表达共情：当对方的情绪得以缓解后，可能会想和你去讲整个事情的始末，又或许仍然保持沉默。此时，你依然要克制自己的好奇或好为人师的心理，继续在对方身边陪伴及安抚。“我知道你很难过”，既是一种对眼前所见所闻的提炼，又是一种非常中立客观的表达，让对方能感觉到你仍然在努力接受他的情绪，这样他就会感受到安慰。

安慰的第一步是尊重。对方愿意说，你就认真倾听；对方不愿意说，你就默默陪伴。不在一开始去询问、给予指教，反而退一步，给对方一定的空间，既表达了尊重，又传递了安慰。

二、你这样做一定有你的原因

共情是以一种不评判的中立态度，结合对方的情绪，从自己的视角谈自己的感受。中立表示不偏不倚，不带有任何感情色彩的一种态度。正是因为没有感情色彩，不对对方进行批判和定性，对方才更愿意和你具体描述、更正你叙述中不正确的地方，继而帮助你更准确地了解对方的想法。因此共情更多的是告诉对方：我感到……我认为……你觉得对吗？而不是：你不应该……你要……你不对……

在你不了解对方的想法前，并没有资格去做任何评判，因为你的评判并不客观和准确；在你了解对方的想法后，也没有资格去做任何评判，因为你的评判是基于你的价值观和你所能承受的结果，并不适用于对方。因此，保持中立不做评判，一方面能作为共情的最大前提，帮助你获得更多的信息；另一方面能保持对对方的尊重，帮助你获得对方的信任。

在表达共情时，对方会感觉你能理解他，也会因此对你放下防备，渐渐向你诉说事情的始末，这时，如果你也曾和对方有相同经历，或者你的三观和对方相同，你就会非常能理解对方的想法；反之，你就会觉得对方的想法“不可理喻”，无法认同。那么，当你碰到与你的价值观相左的部分，笔者认为可以这样处理。

1. 尝试接纳：让对方多说一点他的想法，这样有助于你从局部抽离出来，从更高、更广的角度重新审视这个问题；甚至把自己抽离出来，从对方角度去思考类似的处境。通过不断地切换自己的位置和角度，你可以得出不同的结论，通过这样来追溯对方的想法来源，根据不断呈现的“线索”，来摸排到底哪一个想法是最贴近对方的。

2. 不做评判：如果实在无法理解和赞同对方的想法，也要尽可能保持不评论、不判断。你和对方不论在家庭背景、生活条件还是工作经历等方面都不同，想法不同很正常。你无权对对方的想法予以评判，对方更无须你来指摘。“你这样做一定有你的原因”，是一种在理解上未必达成共识，但却能传递你接纳了对方的表达。这样即使我不能完全赞同你，但我却能接纳你的想法尤其能让对方感到安慰。

安慰的第二步是接纳。每个人都希望被接纳，你接纳了对方，对方才会感觉被你理解，才能进一步和你说更多；你对对方进行评判，对方感觉你无法理解他，自然也不愿意和你多说什么。

三、不管你做什么，我都支持你

在与对方产生共情的过程中，对方也会和你提及他之后的计划和打算，当对方又一次提到和你相反的想法时，该怎么办呢？

在共情的过程中，因为思维的碰撞，让你很容易想以“过来人”或者“参与者”的身份给对方一些建议。但当你说出口之后，对方又会不予接受。因此，当你想给对方建议时，可以参照以下顺序。

1. 倾听共情：与对方产生心理上的共鸣，让对方感觉你站在他这边。“确实，这件事发生在谁身上都不好受。”

2. 询问想法：问问对方有什么计划和行动，请对方先说。“你有什么打算吗？”

3. 筛选方案：帮助对方找出方案中不合理的部分，引导对方重新思考。“你的想法很好，只是……”

4. 引发疑问：当对方想不出办法时，自然而然给建议。“如果是我，我会……”

每个人对事物的评判都有自己的一套标准。即使你站在更高的视角，看到对方眼前就是“南墙”，一厢情愿地劝诫，并不能让对方心服口服。因此，在对方有自己想法时，你要做的是“无条件地给予关注与支持”，以尊重对方想法为主，做好对方的辅助和后盾。

无条件积极关注，也称正向关注或者积极关怀，它最早是由美国心理学家卡尔·罗杰斯提出的。它表现为无条件地从整体上接纳对方，对待当事人就像对待跟自己一样的人。真诚地对待他，细心倾听他所说的，鼓励他说出自己的真实想法，包容他的不合理行为。

而只有当对方没有想法，主动来询问你时，你的建议才会让对方如获至宝，才有可能真正被接纳。

1. 补充建议：如果当对方的想法会让他再一次受挫，或造成很大损伤时，你可以给出你的建议，但要以补充性、参考性为前提而提出。对方接不接受是对方的事，你尽到你的告知义务即可。“我有一个想法，仅供你参考……”

2. 表达支持：当对方的想法并没有原则性的对错，也不会对其造成很大损伤时，此时你不必给出建议，只要对对方的想法表示支持即可。即使对方和你的想法不一致，你提出补充性建议，也要尊重对方，对其最后的决定表达你的支持，这样才是安慰最好的方式。“不论你是坚持自己的想法，还是接受我的建议，我都尊重、支持你的决定！”

安慰的第三步是支持。对对方的支持，不仅可以着眼于言语上，也可以落实在行动中。在对方需要帮助、陪同时，你都可以身体力行地站在对方一边，让对方身心都能受到鼓舞。

四、安慰别人：你说，我听

很多人很热心，也自以为很会安慰人，在别人难过时，总是仗义相助，想凭自己的一己之力安慰对方，可结果却往往不遂人意，很多时候对方被你安慰了半天，不但不见好转，反而更难过。其症结在于你总是倾向于用自己的认知来评判对方的想法，用简单的对与错来界定对方的行为，而不是从尊重对方的角度出发，真正地接纳对方，给对方安全感，让对方能畅所欲言，在宣泄的过程中得以自我安慰和疗愈。因此，想要安慰人，精髓就在于“你说，我听”，仅此而已。

第三节 | 当遇到同事起争执，如何打好圆场

每个人性格不同，想法也不同，这一点再正常不过了。同事之间因为观点不同起争执要你评理，这时，你要怎么调和才能打好这个圆场，让双方的争执偃旗息鼓呢？

一、展示彼此的认知差异

如果你能用更多的方式去理解他人的行为动机，就更有可能从他人的视角来看待问题。由美国作家保罗·李普士提出的一种高效沟通法则——枕头法，最早是由一群日本小学生发展出来的。因为问题就如同一个枕头一样有 4 条边和 1 个中心，它们各自代表 1 个立场，这 5 种不同立场几乎穷尽了沟通的几种可能。应用这个思维方法本质是帮助增强你的认知复杂度，换句话说，是让你变得更客观。

1. 我对你错：这是最通常会被采用的观点，人们的第一反应往往是从自己的立场想问题。

2. 我错你对：转换视角，故意唱反调挑出自己的毛病，解释他人观点的合理性。

3. 双方都对，双方都错：承认彼此论点中的优点与不足，从更

公平的视角看问题，对对方观点多一点理解。

4. 这个议题不重要：发现大部分分歧并没有想象的那么重要。

5. 所有的观点都有道理：当你从这 5 个立场角度分析以后，你会惊奇地有一些新的发现，认识到每一个立场都有它的优点。这样想了以后，也会增加你对分歧的容忍度，改善沟通氛围。

吵架主要是因为双方在认识上产生了偏差，在话语上彼此你追我赶，引发争执。因此，如果能从源头解决双方认知偏差的问题，让彼此能理解对方的想法，就能成功地化解争执。

1. 客观解释：根据你对双方意思的理解，分别帮助双方解释彼此话语的含义。你并不在吵架的场域中，也不会受情绪的影响，更不需要战胜他们中的任何一方，因此你的观察相比他们更为细致和客观，也能启发双方从一个全新的角度看待事情。“我听到 A 的意思是……”“B 没有想要……而是……”

2. 重述歧义：纠正双方有误会、引发争吵的部分，以中间人的身份，居中调解，不断引导双方从错误的想法中走出来，朝着正确的想法继续探讨。“A 你前面提到了……B 你对这件事怎么看”“B 你说你不是这个意思，那你是想表达什么意思？”

在重述歧义的过程中，双方就能不断地看到沟通氛围变化的整个过程，明白对方是如何一步步误解自己的表达的，也能看清楚自己在当中有哪些没做到位的地方。当把整个过程还原透彻，误会也就自然而然解除了，彼此的怨气自然也就消了一大半。

二、把双方拉回沟通正道

在团队协作中，如果能多做换位思考，不但能增强团队的凝聚力，还能避免不必要的矛盾，让工作事半功倍。

换位思考，是指设身处地地为他人着想，即想人所想、理解至上的一种处理人际关系的思考方式，它是融洽人与人之间关系的最佳润滑剂。想要在双方之间调停争执，打好圆场而不被牵连，就要帮助双方搭建沟通的桥梁，让彼此看到对方的处境和难处，进而增强相互间的理解。那怎么做，才能真正地换位思考呢？

1. 了解想法：想要换位思考，就要在对方和你说话时专注倾听，这样有助于收集更多的信息，对对方的想法有更为准确的判断。而不要在对方还没说完之前，就已经形成了自己的意见，迫不及待地想要表达己见。

2. 搞清症结：根据对方的性格特点，去思考对方想法中的困难在哪里，主要矛盾在哪里。把自己设想成在对方的境地，把自己代入对方的角色，站在对方的角度，就能看到自己视角外忽略的部分，而这部分往往就是问题和矛盾的症结。

3. 理解需求：在找到矛盾症结时，你就更接近事实的本质。而搞清楚事实的本质，将有助于你搞明白对方的需求是什么，也就知道该怎么满足对方的需求，只有这样才能做到换位思考。

大家都是带着各自的目的展开沟通的，但最后却因为要战胜对方而抓小放大地盯着细枝末节不放，全然忘了一开始的沟通目的。因此，HR 建议，作为中间人，在调和的过程中，你可以适时地提一下双方的沟通目的来解决争执。

1. 转换立场：之所以有争执，就是因为身份不同，考虑问题的角度不同而已。你如果能帮助双方理解对方的立场，矛盾自然也就化解了。“A 是负责……他的职责就是……；而 B 是负责……他的职责就是不允许……因此你俩的立场不同，有点小矛盾再正常不过了。”

2. 共同目的：点出共同目的，就等于提醒双方，双方必须精诚合作，事才能做好。找出彼此的共同点就能引起双方的共鸣，有了共鸣就更容易放下芥蒂，促成精诚合作。“大家都是为公司做事啊……”“你们负责的部分对于整个项目是举足轻重的，缺了谁都不行！”

劝架未必需要分出个谁对谁错，你只需要向双方搬出“共同目的”，让双方看到彼此的争吵全为公司，不为自己，双方自然会“停战熄火”。

三、直接着手解决问题

吵架时情绪会特别激动，双方都会努力抓住对方语言里的漏洞穷追猛打，不但偏离了沟通目的，还不解决问题。笔者认为，与其继续陷入情绪的陷阱，反复纠缠谁对谁错而浪费大把时间，不如把双方的注意力直接引导到如何解决问题上。

1. 给出方案：不去过于追究原因，直接指出关键部分，引导双方协同合作，一起解决问题，在探讨的过程中，矛盾自然也化解了。“A 现在有这样的困难，B 你看你能怎么协助他解决这个问题？”“B 现在提出了这个解决方案，A 你觉得哪里还没达到预期呢？”

2. 参与协调：协调双方进行头脑风暴，以第三方中立的角度帮助他们找出更多的解决办法，尽量不损害任何一方的利益，减少内耗。“A 其实这点我感觉你未必一定要这样做啊，你可以有其他解决方案的，比如……这样 B 也就不用为难，就能专注解决其他主要问题啦。”

撇开任何已经过去的不愉快的、引起争执的部分，专注讨论现在急需解决的部分，直截了当地引导双方给出解决方案才是最重要的。

四、争执解决有助于关系推进

身在职场，周围的同事或多或少都会因为一些小事吵过架。有些人想要劝架却不得其法，误以为将矛盾强行扼杀就能缓和关系，其实不然，这样的做法反而会让紧张的关系愈演愈烈。争执是不可避免的，但可以是有益的。正如有句俗语：不打不相识！只要运用一些技巧，让彼此了解对方的想法，意识到自身的认知局限，不仅有助于解决当前的问题，也有助于彼此关系的和谐与推进。

第四节 | 工作表现不佳，怎么做才能重获领导信任

当员工因为工作表现不佳被领导放弃时，还有什么补救办法，可以重获领导的信任呢？

一、向领导表现你的态度

想要挽回领导的信任，就要在各方面都表现出不同以往的姿态，通过改变，让领导感觉你和他的判断有所出入，以此来改变领导对你整个人的想法，重拾对你的信心。在这里，可以参考本杰明的 ASK 模型，把自己的情况予以对标，找到自己前进的方向。

本杰明的 ASK 模型展现了人才必须具备的各项素质，它既被用作培训工作的评估，又被作为人才选拔的标准。在 HR 看来，如果一个员工能在 ASK 3 方面都有较好的表现，领导不但不会对他失去信心，反而会对他着重培养。

A（Attitude）：指态度、价值观、动机等。

S（Skill）：指技能，通过后天训练拥有的习得性能力等。

K（Knowledge）：指知识，前人发现，制定并被证明的规律等。

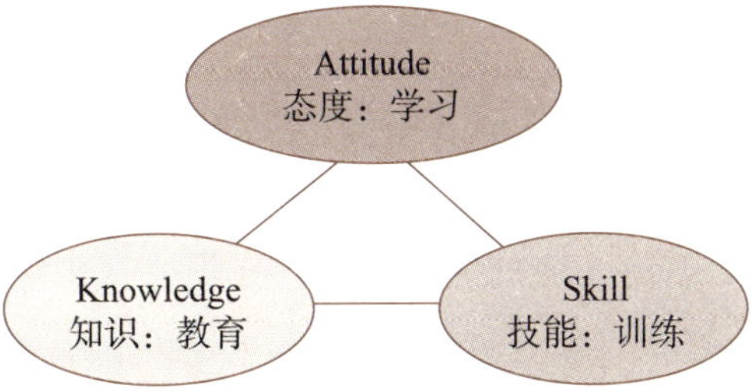

图 4-3　本杰明 ASK 模型

企业对人才的评估也围绕这三个方面，并且这三者中，态度为首要考虑因素：态度好的，着重培养，首选任用。因为一个人对组织贡献程度的决定因素往往不是他的能力，而是他做事的态度。

态度，是指一个人的品德、职业精神，做事态度，对工作的负责程度，敬业精神。态度不好的人，能力越强，破坏性反而越大。因此，你可以先从态度上，让领导看到你的改变。

1. 对外态度：相比能力不及，领导对态度不端正更为反感。因此，在工作态度方面，遵守公司规章制度，不迟到早退，一切走流程，遵从部门的决定等，是一个职场人的基本素养；在对待工作方面，保持认真的工作态度，主动积极地做好向上汇报和团队合作，尽全力做好每一份过手的工作，不给领导和团队添麻烦。

2. 对上态度：但凡在态度上让领导失去信任的员工，很可能是平时说话不注意，对领导的指示不予执行，或者私下对领导进行评论或诟病。因此，想要让领导改变对你的看法，就要让领导放下对你的判定，主动和领导冰释前嫌，表达自己对错误的认识，端正自己对领导的态度。“领导这样关心帮助我，我却觉得是你不信任我，还一度产生了抵触情绪，我觉得我真的太不成熟了。”

和领导恳切地反省自己之前言行上的过失，表达自己对错误的深刻认识，让领导感觉到你在态度上的转变。

二、向领导体现你的技能

每个岗位，都有相应的岗位职责。你需要有相应的技能，才能顺利解决工作上的问题、达成绩效考核、履行岗位职责。它处于ASK模型的第二位，是指在员工态度没有问题的情况下，要加强技能的训练，以满足岗位的需求。

技能，就是人们通过训练锻炼出的一种习得性的能力。与你训练的时间、次数呈正相关关系。因此，你越是勤加训练，技能水平自然就越高。

美国两位畅销书作家的作品，丹尼尔·科伊尔的《一万小时天才理论》与马尔科姆·格拉德韦尔的《异类》，同样印证了这个观点，即不管你做什么事情，只要坚持一万个小时，基本上都可以成为该领域的专家，而这就是著名的“一万小时定律”。

因此，你可以通过不断的努力和训练来增强你的能力，达到领导的期望。

1. 对标他人：在团队里，找到优秀骨干员工，对对方进行能力的拆解与分析，通过和自己的横向作比对，找出彼此间的差距，制定有挑战性的目标，找到进步的方向。可以对他人进行调研，或者向他人请教，吸取他人的优秀经验。“我想请教一下，你是如何又快又好地找到行业报告的？”

2. 对标自我：当找到目标时，通过合理地分解来设定适合自己的目标，每天达成既定目标，和自己的昨天做纵向比较，日拱一卒，积聚势能，终有一天你的技能会有一个质的飞跃，惊艳所有人。

通过技能的提升，工作效率会突飞猛进，工作效度也会相应地提高，绩效也将比往日有所提升，领导自然能看到你在工作技能上的表现。

三、向领导展现你的知识

知识，是人类在实践中认识客观世界（包括人类自身）的成果，它包括事实、信息的描述或在教育和实践中获得的技能，在这里主要指通用类的知识、岗位的相关知识以及可迁移的知识。它主要的来源是外部输入及内部总结，处于 ASK 模型的第三位。加强知识学习，可以为岗位的延续性发展做好准备。

1. 大量输入：通过查阅资料、参加培训、积极请教等方式进行大量的输入来获取知识，快速扩充你的知识边界。为你的岗位胜任奠定基础，为你的岗位调整、职业发展添砖加瓦，为你的行业赛道切换做好准备。

2. 系统整理：所有的知识，在没有整理之前通常是杂乱无章的，它们要经过整理后才能被使用。因此，在知识输入的过程中，要主动有意识地梳理出重点核心部分，形成系统性的知识框架，并根据框架来归类相关联的部分，只有这样，才能便于知识的记忆、理解和迁移。

3. 消化输出：教是检验知识最好的方式。倘若在学的时候偷懒，一知半解，在教的时候，就必须彻底弄懂，否则根本经不起别人的提问。教学相长，互相探讨，迭代进步。

通过大量的输入，让你获取更多的知识；通过系统的整理，让你能对知识有更深层次的理解；通过消化输出，让你能够固化学习成果，掌握知识的本质。而这一系列对知识的探索，不但向领导展现了你在知识方面的收获，也让你得以自我成长。

四、和领导约定“试用期”

在员工刚入职、调整岗位以及升职时，公司经常会给员工约定一定时间的试用期，在试用期结束前，如果员工无法达到公司的要求，则试用不通过。因此，在关系紧张的非常时期，如果反其道地主动和领导设定自己的“试用期”，并请领导随时对你予以监督和抽查。如果仍不能达标，则自愿接受惩罚。让领导看到你绝地反击的决心，也不失为一种“放手一搏”的方法。

第五节 | 领导问你对员工的看法，怎么说才能让领导满意还不得罪人

在团队里，领导想要向你了解一个员工的情况，到底该怎么说，才能给出让领导满意的答案呢？

一、当你想肯定对方时

搞不懂领导的想法，你就根本无法给予准确的回复。与其没有根据地拼命揣测，不如根据你的不同目的，进行不一样的表述。

第一种情况是，领导问及的这个人和你关系不错，或者你认为领导是希望对他有所培养和发展等，你需要给予肯定的回复。这时，你可以通过具体的事情来提炼对方的品质。

你可以将对方在什么时候，做了什么事情，具体细致地描述出来，并进一步说明这件事给你的印象是怎样的，给团队带来了什么影响，因此让你和团队认为对方具有怎样的品质。这里所列举的事情，是要有突出贡献的事；所对应的品质，也要是正向的、良好的品质。那领导就可以顺着你说的具体事情，顺理成章地得出和你一样的结论，更加肯定他自己的看法。“他确实非常优秀，口碑也很好，

比如他操盘的 ×× 项目……”

好事不出门，坏事传千里。即便如此，也要在别人背后多说好话。一方面传到对方耳朵里他可能会感恩你，另一方面领导也会觉得你是一个胸怀宽广、愿意成就他人的人。

二、当你持否定态度时

第二种情况是，领导问及的这个人和你关系并不好，甚至是你的竞争对手，或者你认为领导可能对他不太满意，在考虑是否留用或者调离他等，你需要给予否定的回复。这时，你可以对事情进行实事求是的描述，但尽量避免对人品的评价。

你可以举例说明对方因为哪一件事考虑不够细致等，让你有怎样的想法，给团队造成怎样的损失和麻烦。这里可以有倾向性地举出一些对方做得不好的事情，让领导可以根据你说的事情，自行总结出对方不够优秀、无法胜任的品质，从而验证他心中的猜测和看法。“这个人说不上来，比如他之前一直给人的感觉比较靠谱，可是上次作为项目负责人，最后项目出问题了，他把责任都推到其他同事身上，我觉得和之前的印象有点不一致。”

想要表达对对方的否定态度，最好的办法是只就事论事，描述事实，而不对个人品质加以评论。这样，即使你和领导的谈话被公开，你也只是谈论了众所周知的事实，而没有无中生有地对其人品进行诋毁或污蔑。

来说是非者，便是是非人。只要在背后说人是非，无疑等于自证自己是个搬弄是非之人。因此，只有在背后肯定对方时，对其人品进行评价才不会遭误解和非议；反之，即使你这次替领导说出了心里话，保不准下一次领导就会认为你也在背后说他坏话，得不偿失。

三、当你搞不清状况时

第三种情况是，领导问及的这个人和你关系一般，你也不怎么熟悉，或者你并不知道领导希望提拔他还是放弃他，无法判断领导的想法。这时，你可以对事情进行客观的描述，并从多种角度给予更为客观的评价。

你可以选择对方给你印象较为深刻的一件事，先大致描述一下整个事情的经过。接着可以首先站在你或者其他同事的角度，讲一下你对这件事的看法，对方的做法是否妥当，会给你或其他同事造成怎样的影响，如果是你，你会选择怎么做等；再站在领导或团队的角度，讲一下你认为这件事从另一个维度可能又会怎样考量等。

从不同角度去对事情和人进行评论，这样的评价将显得更为客观和真实。“我觉得从我们员工的角度来看，他真的是特别遵守规章制度、不会变通的一个人，所以可能不是特别容易和大家打成一片；但如果从领导您的角度来看，可能这一品质正好是我们这个岗位特别注重的，也许就是对于原则性能如此坚持，他的工作才做得那么出色。”

在询问别人意见时，有一种心理叫证实偏见。证实偏见，是指人们普遍偏好能够验证肯定假设的信息，而不是那些否定假设的信息。当人们在主观上支持某种观点的时候，往往倾向于寻找那些能够支持原来的观点的信息，而对于那些可能推翻原来的观点的信息往往忽视掉。

因此，在领导询问你意见之前，可能心里已经有一个答案，如果你的答案正好和他的相同，那就等于帮他验证了想法；如果你不巧和他的答案相反，他将搁置你的答案，而继续去寻找下一个能和他想法一致的意见。

了解到这点后，你就会发觉：用中立的态度去评论人与事，既不站左，也不站右，才能让自己不管说什么，都会得到领导的认可，自己的看法也将永远立于不败之地。

四、多给中立的评价，拔高自己的地位

笔者在多年的HR工作经历中发现，懂得运用中立思想，客观地说出自己的评价，是应对此类难题最好的回答方式。不但让领导更全面地了解对方，更能让领导看到你对同事为人处世的判断——既不会夸张地过誉，也不会刻意地贬低。而这种中立、客观、谨慎、克制的作风，反而对领导有特别的参考价值。

第六节 | 员工表现太差，如何优雅地劝退对方

作为管理者，也许有一天会面临手下员工表现太差，需要劝退的情况。而一想到将要面对员工的各种负面反应，管理者往往会非常头疼。

一、主动和员工捅破“窗户纸”

员工工作表现不尽如人意，原因可能多种多样。科里·帕特森在《关键冲突》一书中指出，可以使用 CPR 思维法[①]，针对下属犯错的不同情况进行分析，以确定问题的核心。

1. 工作内容：问题初次出现时，你要和下属讨论的是工作上的具体内容，即发生的事实。你需要了解的是何时何地发生了何事，需要给予下属及时批评和指正，让下属知道该怎么做。“昨天你上班迟到了，违反了公司的规章制度。”

---

① CPR 思维法中的 C 是指 Content，侧重于沟通内容，适用于问题首次出现的场景；P 是指 Pattern，强调人与人之间的沟通需要模式，以应对重复发生的问题；R 是指 relationship，在问题持续发生时，更应该关注关系。

2. 工作模式：当问题第二次出现时，你要和对方讨论的是工作模式问题，即这个工作流程。可能是下属无法适应你的工作流程，因此你需要对下属进行相关培训或者考虑为其换岗，让下属更换一种工作模式。“这可是你第二次出现同样的问题了，我想你可能无法胜任这项工作。”

3. 工作关系：当问题继续发生时，你要和对方谈论的是关系，即这样做对我们之间有什么影响。如果关系得以修复，工作自然能顺利开展；如果关系无法修复，就需要让下属离职。“这件事一而再再而三地发生，我想是不是你对我的管理方式有什么意见，才让你有那么大的抵触。”

要劝退员工，就要有一个正当的理由。因此，笔者建议在和员工正式谈话前，需要整理一下员工入职以来在工作上的绩效表现，要从不同方面对员工进行评估：对于员工表现好的地方予以肯定；对于员工表现不好的地方予以指出，并进一步指出员工表现不好的地方是无法胜任工作的关键。

1. 劝退原因：如实地告知员工他的工作表现中的哪些部分不符合要求，让员工认识到自己的不足之处；同时，需要准备好相应的证据辅助，如果员工不认可时需拿出对证；如果员工认可，再相应地表达对此的遗憾和惋惜。劝退原因要真实可以令人信服，说明的方式要理性客观，让员工明白自己不符合岗位要求，无法达到领导预期的事实。“这次我们的谈话，主要是关于你近半年的工作表现经指出及调整后，仍无法胜任目前的工作要求……”

2. 替他着想：和员工一起，回顾能为他做的所有补救措施：如果员工是因为业务能力不足，那通过培训是否可以解决；如果是因为不适合该岗位，那是否有平调其他部门的机会；如果是公司编制减缩，是否有空余岗位替补等。当员工看到你能站在他的角度设身处地为他考虑，替他想办法，从心理上也是一种安抚。“如果你对公司其他部门的工作感兴趣，我可以帮你问问有没有内部转岗的可能。”

HR 建议，在准备劝退员工前，就要在平时有意识地收集各种员工不符合岗位要求的证据，比如工作绩效考核等级、工作上犯错的记录、和员工工作谈话的记录，或者团队同事看法的汇总等。只有做到心中有数，和员工谈的时候才能做到张弛有度、以理服人。

二、合理地为员工规划职业发展路径

员工因为能力不足、对工作不感兴趣以及与公司理念不合而被劝退，并不代表员工就是不好的、应该被鄙视或者唾弃的。员工和当前所在的公司不契合，并不代表和其他公司不契合；在工作上达不到你的要求，并不代表无法达到其他公司的要求。因此，可以和员工就职业发展路径进行探讨，让他明白自己和公司的契合情况。

每个人都有自己的优点和缺点，在职业发展中，每个人也有自己的优势和劣势。如果在工作中能够很好地发挥自己的优势，那么就能够实现“1+1 ＞ 2”的效果，工作更加得心应手，个人职业发展和成长也会更加顺利；而如果在工作中总是将时间投入到无法发挥自己优势的事情上，个人职业发展就会荆棘重重。

在职业生涯规划中有一个“三叶草”模型，它揭示了个人在职业发展过程中，兴趣、能力与价值三者的推动关系，以及三者缺失时对应的情绪表现及应对方法。“三叶草”的整体转动，是通过把兴趣培养成职业兴趣，再慢慢地把兴趣发展为能力，用能力找到合适的平台来兑现价值，最后再用价值强化兴趣，形成闭环。

当个人对一份工作具备了以上3个条件的时候，那这份工作可称为完美的工作。但一旦缺失了其中一者，就会失去平衡，需要去弥补。

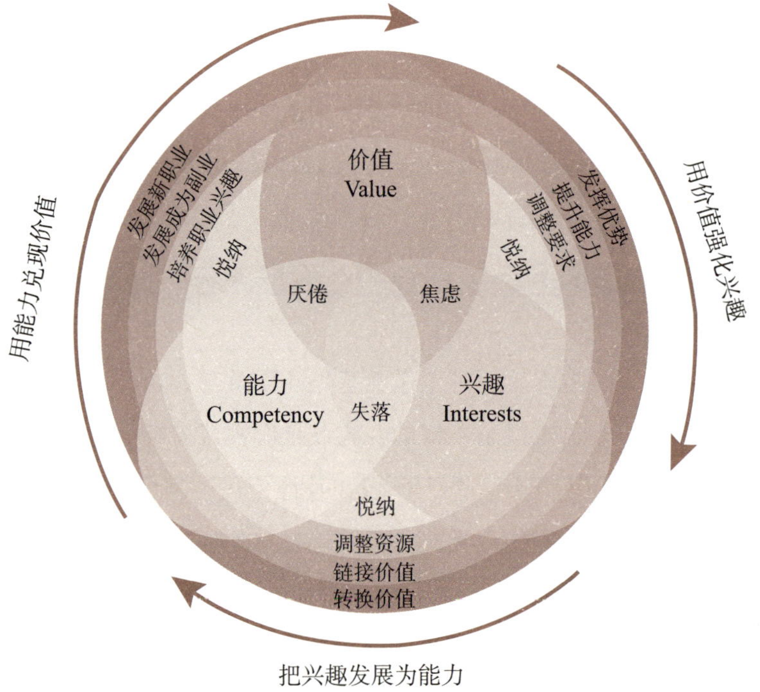

图4–4　职业生涯“三叶草”转动

1. **完美职业** = 兴趣满足 + 能力满足 + 价值满足
2. **厌倦** = 兴趣不满足 + 能力满足 + 价值满足
3. **焦虑** = 兴趣满足 + 能力不满足 + 价值满足
4. **失落** = 兴趣满足 + 能力满足 + 价值不满足

员工愿意留在公司，主要是为了积累一定的工作经验，熬资历，为自己在公司有更好的职业发展努力。因此，从职业生涯规划的角度来看，你要根据对方的实际情况帮助其进行利弊分析，引导其做出合适的选择。

1. 内部发展：如果员工工作表现不佳，已经面临被劝退，如何还能在公司有所发展呢？但很多不明就里的员工依然会做无谓的坚持。因此，可以和员工探讨他在公司的职业发展，帮助他分析目前所面临的现状，看清现实。“在公司内部，除非你的工作绩效达到A，不然很难达到你的职业发展预期……”

2. 外部发展：要引导员工跳出眼前的视角范围，看到未来更宽广的职业发展道路。劝导员工在公司硬耗到被开除，不但影响平时的工作状态，还有可能在工作记录上留下污点，和公司彻底撕破脸，即使最后得到一定的赔偿，相较整个职业生涯而言也是得不偿失；如果选择去外面重新开始，借着公司多年工作经验的积累，发挥自己的优势部分，找到比现在更好的发展机会，这样工作状态会变好，工作表现也能随之变好，离自己的职业发展目标就更近一步。“与其在公司一直这样没有结果地耗下去，不如及时止损，重新开始，至少你能比在内部有更多的发展机会。”

每个员工都有自己的长处和短处，在目前的公司工作表现不佳，但有可能在其他公司大放异彩。与其让不合适的员工留在企业相互耗尽最后的好感，不如早一步劝退，对企业、对员工的发展都有好处。

三、对员工给予精神鼓励和行为助力

如果你对要离开的员工真诚以待，不断为其寻找更好的机会和更多的可能性，让对方感觉自己在最后时刻仍然被公司关怀照顾，这样的劝退不但不会让他产生怨恨，反而会让他对你和公司充满感激。留下的人看到公司对于将要离职的员工也能如此体贴到位，则会增强对公司的认同感，公司的稳定性也会更好。

在劝退员工时，要设身处地地为员工考虑：一方面要安抚他的心情；另一方面也要给予他力所能及的帮助。一般来说，员工不愿意主动离职，很大程度是担心自己短期内无法迅速找到合适的工作，因此会想尽办法耗在公司直到敲定下家。针对这一点，HR 建议，你需要给员工精神上的鼓励和行为上的助力，来推动他做出决定。

1. 相应支援：企业可以对员工给予经济上的支持，发放适当的补偿金，让员工在心理上得到慰藉及安抚；或者对员工给予行动上的支持，比如把员工简历推送给猎头；以及支持员工在离职前可以带薪请假外出面试；等等。让员工看到企业对于他最后时刻的关心与支持，感受到企业的温暖和人情。“我可以批准你在上班时间去参加面试，只要你能保证手头工作正常完成，并提前一天告知我就可以。”

2. 帮忙背调：大多数员工都希望能在新公司留下好印象，你也可以利用这一点对员工进行劝退。对于愿意主动离职的员工，可以适当地在背景调查中给予其帮助，辅助他在新公司开个好头，之后能有更好的发展；对于不愿意离职的员工，只能在背景调查中实事求是，给予真实反馈。“如果你愿意主动离职，在你之后的背景调查上，公司和我都非常乐意帮助你。”

劝退员工，主要是因为员工的表现无法达到企业的要求，不管是出于能力问题还是态度问题，你都可以从规定要求切入，从人道关怀收尾。让员工感觉到企业的劝退行为不但有理有据，同样也有情有心。

四、坦诚面对员工

尽管向员工传达类似的讯息，一方面会花费管理者相当的精力和时间，另一方面也极有可能会引发和员工之间的冲突，但作为员工来讲，能清楚地知道自己的处境，虽然当下未必能全盘接受，但在长远看来，这未尝不是一件好事。毕竟，大部分员工都更希望明确地知道自己在公司的发展前景，而不是整天笼罩在相互之间的试探与猜忌下，好似惊弓之鸟，活得忧心忡忡。

精准表达

把话说到人心坎里

认真倾听，体会对方情绪

觉察情绪

挖掘需求

换位思考，发现深层需求

落实行动

触发行动，达成对方预期

TEAM COMMUNICATION

第五章　强势出击，在团队中快速获得主导地位

第一节 | 按照吩咐办事却被批评，只怪你没有摸清领导意图

在职场中谁都无法避免领导的批评，职场经验欠缺的人会觉得特别委屈，明明自己是按照吩咐办事，却被劈头盖脸骂一顿；而职场经验丰富的人会觉得，如果按照吩咐办事却被骂，一定是你没有摸清领导的意图。

一、搞清楚领导的指示

给领导办事，摸清领导的意图非常重要。但很多时候，在你听取领导指示的过程中，明明领导心里所想的是 100%，可你最后呈现出的行动却只有 20%，为什么会出现这样的结果呢？

团队合作的默契源于沟通的效果。在工作中尽可能用到较少的沟通漏斗，才能达到更好的理解，才能更出色地完成工作。沟通漏斗，是指工作中团队沟通效率下降的一种现象，是指如果一个人心里想的是 100% 的东西，当你在众人面前、在开会的场合用语言表达心里 100% 的东西时，这些东西已经漏掉 80%，你说出来的只剩下 20%。

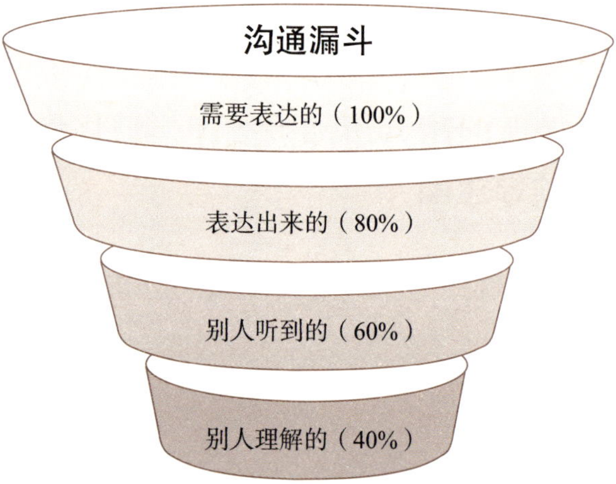

图 5-1 沟通漏斗

1. 第一个漏掉的 20%（你心里想的 100%，嘴上说的 80%）

产生原因：1. 没有记住重点；2. 不好意思讲。

解决办法：1. 用纸笔记下要点；2. 请别人重述。

2. 第二个漏掉的 20%（你嘴上说的 80%，别人听到的 60%）

产生原因：1. 你在讲话时有干扰；2. 他人在听你讲话时受到干扰；3. 没有做笔记。

解决办法：1. 避免干扰的环境；2. 做笔记。

3. 第三个漏掉的 20%（别人听到的 60%，别人听懂的 40%）

产生原因：不懂装懂。

解决办法：询问对方的想法。

4. 第四个漏掉的 20%（别人听懂的 40%，别人行动的 20%）

产生原因：1. 没有办法；2. 缺少监督。

解决办法：不断地沟通讨论，找出解决方案。

了解漏斗原理后，你就会发现：很多人往往连领导要求自己做什么都没有搞明白，最后交出来的东西必然不符合领导的预期，怎么能不被领导责备呢？因此，HR 有如下建议。

1. 搞清要求：很多人在和领导开会时思路清晰，可是一出办公室就把领导的话抛诸脑后，完全想不起领导刚才说过什么。面对这样的情况，最好的办法就是及时做好记录，并在和领导谈话结束时明确刚才谈话的重点，搞清楚领导的具体要求。

2. 重述意思：有些领导会把需要你做的事和你讲得很明确，那你只要重复领导的话就可以了；有些领导的思维跳跃性很强，说到哪儿是哪儿，此时你就需要对领导的意思进行逻辑梳理，用自己的话再将领导的意思重述一遍，和领导核对其准确性，矫正有偏差的部分。“领导，我重复一下，您刚才一共交代了 3 件事……”

只有你交付的结果达到了领导的预期，才会获得领导的认可；反之，就可能会受到领导责怪。因此，在正式工作之前，和领导确认清楚工作的要求，彼此达成意识上的一致，是必不可少的一环。

二、搞清楚领导的目的

在倾听的过程中，有一个技巧是重述（或释义），是指把对方陈述的主要内容经过概括、综合和整理，用自己的话反馈给对方，以达到加强理解、促进沟通的目的。在对方表述含糊其词，或者过于专业、晦涩导致你无法理解的情况下，通过对事物的理解和提炼，对对方的意思进行重新描述，使对方表达的意思更趋于明朗和清晰，帮助双方在理解上产生较小的偏差。

重述（或释义）能让你更明确领导的意图，方便你对事物的核心进行更准确的把控；而如果你对领导的指示一知半解，也不去分析，最终只会和领导的想法渐行渐远，辛苦办了事还不讨好。这也是为什么很多人看似按部就班地努力贴近领导的要求，但实质上却根本没有弄清楚领导的要求，继而导致最终交付的结果与领导的要求看似相近，却不尽相同的原因。

在此，HR 建议：想要把事情办好，务必要明确领导的意图，要搞清楚他的目的是什么。用目的来作为行动的纲领，能让你更准确地达成领导的期望。

1. 换位思考：在职场，领导经常会交代你去做一件事，但很少会把这件事的来龙去脉讲清楚。这时，你就需要换位思考，来提高自己的分析能力。领导思考问题一定是以公司利益和部门利益为出发点，从整体上统筹考虑问题，以大局为重；而普通员工则有可能以自己的角度想当然地做决定，往往是牺牲大局，保护个人的利益。多站在领导的角度思考问题，能帮助你更准确地搞清楚领导办事的真实目的。

2. 确认关键：经常换位思考，你就能试着猜出领导的意图，你可以通过试探性地询问对关键部分进行确认，以此来验证自己的想法，确定工作的开展方式。久而久之，你的逻辑分析能力会大幅提升，在关键时候才能正确领会领导的暗示与话外音，获得领导的肯定和重用。“领导，刚才您说的这部分是不是这个意思……”

深谙领导的想法，才能帮助你把控工作的大方向，大幅降低你的出错率，更有主次地对工作进行合理的规划和分配，突出期望的重点，剔除无关痛痒的部分，满足领导的要求，达到领导的预期。

三、校准自己的行为

领导的意图有时不单单要从一件事去看，更要从人性的环节去思考。作为领导，他也希望能在团队中有存在感，因此，他们会通过在团队中建立自己的权威来实现这点。建立权威，对上能体现出自己的管理能力；对下能让下属听从指挥，行为达到预期。

如果说领导建立权威、找存在感是一种表象，那其深层次的需求就是“被看见”。如果员工看到了这层需求，就会明白该做些什么才能满足领导的需求了。

在整个工作的过程中，和领导保持一定程度的沟通交流，能让你在做人方面充分表达出对领导的尊重，在做事方面和领导保持高度同频，同时也间接满足了领导深层次的需求，这不但有助于达到最后预期的成果，更有助于培养你和领导之间的感情。

1. 积极汇报：有些领导是抓大放小，只要你能交付结果，中间的过程不过分干预；但有些领导却事无巨细，两手都要抓，你不但得交付结果，还不能遗漏过程。这时，你就要在平时增强和领导的接触，找到机会就汇报工作，让领导时刻保持心里有数，及时校准你的行为偏差，增强他对你的掌控度。“领导，我和您汇报一下 ×× 项目近阶段的进程……”

2. 主动请教：在汇报的过程中，如果有不懂的地方可以直接请教领导，有需要支援的地方也可以和领导探讨提及。主动和领导保持同频，领导就会把资源倾向你，甚至会帮着你一起把事干好。“领导，经过您上次的调整，现在 ×× 项目的进程非常顺利，就是有个地方碰到点小麻烦……”

搞清领导的预期和目的，能帮助你在大方向上不出错；主动向领导汇报，能把控你在细节上的精细度。当你从头到尾、从里到外完全符合领导的要求时，领导必将对你另眼相看，予以重用。

四、增加相处，了解领导的风格

很多人碰到领导，总是避之不及，将一切沟通机会扼杀在萌芽中，还沾沾自喜地以为又“逃过一劫”，而其实，这样做一方面疏远了上下级关系，另一方面将使你对领导做事的风格和待人的脾性一无所知。对领导思路的形成、评判的标准、决策的习惯都不知道，当然就无法领会领导的意图，达到领导的预期了。因此，笔者建议，平时要增加和领导相处的机会，通过对工作上的探讨，主动熟悉领导的工作模式，最终达成和领导间心照不宣的默契。

第二节 | 同事在公开场合挑刺怎么办

明明可以私下和你沟通的事，有些人却总是喜欢在公开场合和你唱反调，遇到这样的人该怎么办呢？

一、之前有过节儿的情形

在职场做事，总免不了会碰到工作量不等、职责划分不明、权益分配不均的事，时间久了，与同事的矛盾自然也就产生了。

在一个团队，多一个朋友好过多一个敌人。大家都是为公司做事，如果因为之前的团队合作产生了矛盾、结下了梁子，能化干戈为玉帛的话，真没必要和同事保持对立状态。私下一句话就能搞定的事，就不要等对方哪天放在公开场合来对质。

1. 回顾从前：找到切入点才能化解矛盾。回想一下之前的合作到底是哪里和对方产生了矛盾，是利益分配不均、沟通产生口角还是约定的承诺未兑现，等等。如果自己想不明白也可以询问当时一起参与的同事，让对方从第三者的视角来帮助你梳理。“上一次项目的失败主要责任在我，让你连带被责骂，是我没做好……”

2. 解释道歉：私下找机会，诚恳地询问对方之前是否有所误会，希望对方能如实告知。如果是对方对你有所误会，你可以当场解释你的本意，并对让对方产生误会表达歉意；如果对方没有误会你，你可以当场表示歉意，请求对方包容原谅。“你可能对我有些误会，趁此机会我要和你当面解释一下：我上次这样做，并非……”

所谓“不打不相识”，当你主动解开彼此的心结，双方相互握手言和，化敌为友，以后对方不仅不会在公开场合挑你刺，即使以后再有矛盾的地方，对方也会记着你这次做出的让步，和你私下解决。

二、互为竞争对手的情形

如果对方在公开场合挑你刺是因为和你是竞争关系，有你没他的那种，那他必然会针对你的弱势和缺陷进行打压，以此来凸显自己的优势，拿到资源。而这一切的产生，是嫉妒心理作祟。

嫉妒，是指人们为了争取一定的权益，对应当团结的人怀有的一种冷漠、贬低、排斥或是敌视的心理状态。这些人常常关注着周围人的动向，并且总摆出一副与人一争高下的姿态。一旦发现自己的同事、同学、朋友，甚至亲人，在某些方面将要或已经超过自己，心理上就感到不平衡，进而妒火中烧，并通过挑刺降低别人的关注度，唯恐别人的成功盖过自己的风头。

如果碰到的是竞争对手存心打压的情况，绝不可轻易示弱，要知道，你的示弱只会让对方得寸进尺。正确的做法是顺势而为，弱化对方打压部分的重要性，转向突出自己主观上的努力。

1. 缩小问题：当别人始终纠缠在问题的本身时，你可以一笔带过对方提的问题，表明你已经在处理了，现在的进展是什么。直接转移了注意力，将所有人的视线从“困境”转向“进展”，巧妙地避免冲突，让对方“一拳打在棉花上”。“确实我们也碰到过这个问题，我们现在已经着手处理了……”

2. 扩大问题：可以重点描述对方提的这个困难，将其扩大化，并着重讲一下你当时做了哪些工作，表达自己已经竭尽所能地将损失降到最低。再讲一讲同样的情况以往或者同类型公司或团队不尽如人意的处理方式，通过对比的方式表达自己竭尽全力、力挽狂澜，而不是表面功夫，纸上谈兵。“这个问题确实对我们产生了比较大的影响，也引起了我们足够的重视，因此整个团队连着几个通宵，找出了问题的根源，现在已经解决了一部分，接下来的部分也在计划之中。”

不管是缩小问题转移视线，还是扩大问题强调努力，最重要的是把自己的应对措施罗列清楚，把对方在公开场合对你的一番攻击直接变成自己能力的一场演说汇报，这样不仅能当场获得领导认可、同事敬佩，也能直接予以对方最有力的还击，让对方下次不敢再公然挑衅。

三、学会还手，还要学会“留一手”

能在公开场合被对方挑刺，对方一定是有备而来。对于既定现实，你不但要会“接招”，还得会“还手”，不然下次对方还会找上门。对于工作上的指摘，则要反思和改进工作流程，学会“留一手”：在工作没出问题前，尽量将问题扼杀在萌芽中；工作出了问题后，尽力将损害降到最低；问题包不住时，尽早将情况反馈给领导。时刻对工作上的问题和瑕疵保持警醒，和领导保持信息交互畅通，避免小人从中作梗。

第三节 | 别人抢我功劳该怎么办

在工作的过程中，明明自己付出了很多，并且在工作过程中挑起大梁，结果在汇报的时候，功劳却被别人抢走，此时该怎么办？

一、让对方徒劳无功

很多人认为“是金子总会发光”，自己的努力终有一天会被看到，但是这句话并不是绝对的正确。金子本来不会发光，你看到的“黄”金，只是金子对光的反射。当没有光的时候，金子与普通的贵金属无异。金子能发光，也是取决于周围的环境是否有光。因此，环境决定了金子的“光”是否可以被看到！

功劳就是业绩的象征，只有有了业绩，才有升职加薪的机会。如果你认为自己的努力终有一天会被看到，首先你必须持之以恒地努力，而更重要的是，你要制造被看到的契机。

二、让对方无机可乘

在日常工作中，总会遇到和对方团队合作的时候。但当你在工作中获得成就时，有人就会想办法抢走你的功劳。面对这样的情况，你就可以通过 RACI 模型对工作任务和权责进行清晰的划分。

RACI 是一个相对直观的模型，用以明确组织变革过程中的各个角色及其相关责任。

1. 谁执行（R=Responsible）： 负责执行任务的角色，具体负责操控项目、解决问题。

2. 谁负责（A=Accountable）： 对任务负全责的角色，只有经其同意或签署之后，项目才得以进行。

3. 咨询谁（C=Consulted）： 在任务实施前或实施中提供指定性意见的人员。

4. 告知谁（I=Informed）： 及时被通知结果的人员，不必向其咨询、征求意见。

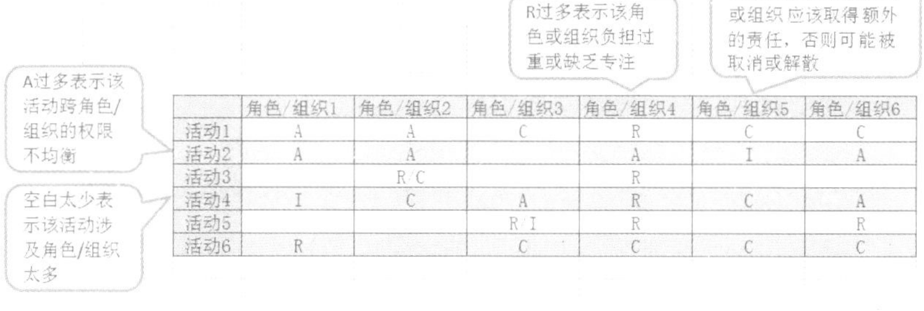

	角色/组织1	角色/组织2	角色/组织3	角色/组织4	角色/组织5	角色/组织6
活动1	A	A	C	R	C	C
活动2	A	A		A	I	A
活动3		R/C		R		
活动4	I	C	A	R	C	A
活动5			R/I	R		R
活动6	R		C	C	C	C

图 5–2 RACI 模型

了解 RACI 模型后，就能把它运用在工作权责的划分上。

1. 明确职责：抢功者惯用的伎俩就是利用平时和你在工作上的交流，把你的功劳据为己有。因此，只要这个工作和他有一点关系，就不可避免地被他钻空子。要应对这一点，最好的办法就是和对方明确职责，划清双方的角色分工及权利义务归属。

2. 留下证据：为了避免未来有争议，你需要保留好相关的工作证据，把所有的分工文字留底，在开会时公开表达或通过邮件群发。让所有人对你们的分工达成共识，让抢功者无机可乘。

遇到抢功的同事用不着急于澄清，因为没有证据确实难以说清，只能在日后的工作中多加小心，做好工作记录，划分清楚职责。

三、让对方无功可抢

抢功者之所以能屡次成功，不但源于其对下手对象的精心挑选，更因为钻了彼此间信息不对称的空子。信息不对称，是指各人拥有的信息不同。在社会政治、经济等活动中，一些成员拥有其他成员无法拥有的信息，由此造成信息的不对称。

你与领导因为疏于沟通，因此产生了信息上的不对称，而抢功者刚好利用了这一点，因而要时刻和领导保持信息畅通，这才是从源头上治理，从根本上解决抢功的行为。

能被别人抢功，让领导觉得功劳都是对方的，就说明抢功者向上汇报的频次比你高。如果不想被抢功，最好的做法就是防患于未然。笔者建议，增加和领导汇报的频次。这样不但拉近了和领导的关系，还让对方从根源上打消抢你功劳的念头。

1. 定期汇报：在接到工作任务后，可以直接和领导约定每次定期汇报的时间。在这个时间点，可以把这段时间工作的进展给领导做一个详细的汇报，如你做了哪些工作，谈了哪些客户，获得哪些帮助，需要哪些支援等。一方面，把所有事情先行报备，避免抢功者抢功劳；另一方面，能让领导感觉你是一个对工作既有条理又很踏实的人。“领导，和您汇报下这个项目中我这部分工作的完成情况……”

2. 不定期汇报：在其他时间遇到领导，可以见缝插针地给领导讲讲工作上碰到的小插曲、谈客户碰到的小故事、客户对领导的问候等，给领导留下你一直在做这项工作的印象。这样，别人再有心也自然插不进来。“领导，今天早上客户刚来过电话……”

职场中经常会出现盗取他人成果的事情，要对自己的成果予以保护，就要经常将自己的工作成果主动同步给领导，让抢功者无功可抢。

四、如果领导抢我的功劳该怎么办

领导对整个团队的所有人、所有事负责，因此并不存在抢你功劳之说。你工作上出错，领导替你扛着；你在业绩上有突破，领导当然功不可没。领导招聘你、培养你、提拔你，就是为了让你不断努力做出成绩的。

因此，当你做出了成绩，应该主动上交给领导，作为领导的业绩。如果领导愿意在高层面前夸你几句，你就有了升职加薪的可能；如果领导压根儿什么都不提只是紧紧攥着你的劳动成果，说明领导觉得你做得不错，那么你升职加薪自然水到渠成。

第四节 ┃ 新官上任，如何服众 / 如何征服下属 / 如何树立威信

每个人都希望自己在职业发展道路上有所建树。当你因为业绩优秀，从一个团队的普通成员被提拔为部门的主管，你将如何处理好与同事的关系，在团队中树立你的威信呢？

一、用尊重团结下属

不管你是初来乍到，还是扎根多年，经过多年的职场经历，笔者认为，作为领导，在上任前只有先了解清楚情况，与下属磨合好了，才能顺利开展工作。

在群体心理学中，磨合效应，是指人们把新组成的群体相互之间经过一段时间磨合而产生更加协调契合的现象。不管是从团队中提拔，还是空降到团队，你都将以领导的身份重新与团队磨合。想与员工有良好的磨合，双方都要做出必要的割舍。作为团队成员，如果无法和新领导磨合好，双方关系将始终僵持不下，那极有可能被踢出局外；作为新领导，如果无法和整个团队磨合融洽，则会被视为缺乏管理能力，最终也将被下属联合抵制，最终导致工作无法

开展。

只有根据每个下属的不同特质，深入谈话及调研，分别进行磨合，才能对每个人的情况作出不同的定位和分析，同时，也才能对你整合资源、调兵遣将、规划发展有指导性作用。

1. 逐一谈话：和团队里的每个人进行约谈，逐一了解他们的能力、特长、所负责的工作、职业规划、目前存在的困难等。挖掘每个人的优势和劣势，如果之后有匹配的工作，便可以人尽其用；如果有符合其所期待的机会，你可以鼓励下属去尝试；等等。“我了解了一下你的工作情况，你在公司时间也不短了，在职业发展方面有什么样的想法吗？”

2. 稳住骨干：如果你想做出一番业绩，做出一番作为，你就必然需要下属的支持与配合。谁能把活儿干得又快又好？当然是骨干员工！因此，在谈话的过程中，牢牢把握住骨干员工，认真倾听对方的需求，殷切地表达对对方的期望，让对方感觉到你对他的重视，对方自然会用高质量的工作成果来回馈你。“我大致看了下部门的情况，您应该是这里资历最老、技术最好的师傅了！”

到了一个新地方，就要想办法迅速团结所有能团结的人。只有对所有员工一视同仁，了解大家的情况，才能成功地调动所有人的工作积极性；只有先放下身段，对骨干员工表达重视，对方才有可能努力工作，大有作为。

二、用奖惩划清界限

上下级相处时，要保持界限感。界限是指个体、子系统或系统同外部分开的无形的边界线，是一种情感的屏障和距离。如果上下级之间逾越了界限，则会导致领导丧失权威，下属也会因为把握不好工作的原则和尺度导致工作出现问题。

1. 上对下的界限感：上级对下级的界限感主要在于要做到“待人和蔼可亲，做事铁面无私”。即使再喜欢某个下属，也不能混淆做人和做事的界限。做人方面圆融灵活，设身处地地为下属考虑；做事方面树立公正、赏罚分明的规章制度，做得好不吝奖励，做得不好即刻惩罚，无私情可讲。只有这样的界限感，才能让员工又爱又怕，在私下可以与你交心，但在公事上绝不敢马虎敷衍。

2. 下对上的界限感：哪怕上级对下属再好，下属也该明确自己的身份，永远要对上级有敬畏心。有了敬畏心，就会方方面面地影响到平时的言谈举止和工作状态。做人方面不会口无遮拦，逾规越矩，给领导增添不必要的麻烦；做事方面严谨踏实，领导交代的每件事都会责无旁贷地做好。只有这样的界限感，才能让领导信任你，升职加薪自然首先会想到你。

在组织管理中，实施惩罚的威胁或者给予奖励的引诱，是组织鼓励员工执行自己意图时最常用的方法。“胡萝卜 + 大棒”政策，通常指的是一种奖励与惩罚并存的激励政策，是指运用奖励和惩罚两种手段以诱发人们所要求的行为。

笔者凭借多年的 HR 工作经验建议，新任领导可以参照“胡萝卜 + 大棒”政策，通过对员工施加奖惩来制造界限感：做得好，兑现承诺，给予奖励；做得不好，批评管理，给予惩罚。

1. 做好奖励：在布置任务的时候，需要对下属讲清楚你的要求，做到了就予以奖励，兑现承诺。这样，下属就知道跟着你走有好处，他们才会围绕在你身边，听你的安排，人员你才能调动得了。“这个月你的业绩完成了 120%，多余 20% 的业绩按照我们之前规定好的比例计算奖金。”

2. 违规惩罚：要让下属知道你的底线在哪里，一旦碰线，立刻给予相应的惩罚，没有任何商量的余地。“今天早上你又迟到了，根据公司规定，3次迟到要记过，今天是第3次，你直接去HR办公室一趟。”

功必赏，过必罚，奖得心动，罚得心痛。制定相应规则，并将其与奖惩相结合，会让你在建立规则的同时增加自身言语的分量，进而增加你的威信。

三、用授权平衡势能

授权是组织运作的关键，它是以人为对象，将完成某项工作所必需的权力授给部属人员。很多时候，相比物质奖励，授权更能激励员工。但许多新任领导却因为如下原因，在授权这件事上总是不得其法。

1. 不懂授权：担心自己给员工授权后，权力收不回，影响自身利益。

2. 缺乏信任：担心员工做不好工作，自己还要补救；或者担心员工展露才华，锋芒盖过自己。

3. 半授不授：不官宣、不协调，权力也不给到位，员工遇事还得来问你，行使权力阻碍重重。

4. 界限不明：或者手伸得过长，授权后还总是介入，员工感觉到被授权。

5. 撇清责任：把权力和责任全推给员工，让员工一力承当，员工压力山大，对权力无福消受。

有些新任领导从基层被提拔上来，他们急于做出些成绩，于是还是一门心思做业务，没有意识到自身角色的转变，在授权路上没少跌坑。对于授权，笔者认为：只有先收了权，再放权，才能够真正把权握在手里。

1. 权力收回：如果不想被架空，就需要在内部没捋顺之前，把所有的权力全部捏在手里。你必须告知下属哪些工作必须向你汇报，哪些流程必须从你这儿走，哪些文件必须你来签字才可以生效。“其他流程化的东西你来补充，最后的合同发给客户之前需要我过目。”

2. 权力发放：当所有权力都收归后，再重新予以整合，对优秀的下属给予授权，让下属从你这里“拿到”权力。当然，授权后就要充分相信下属，做好定时考察，设置汇报的节点。不要“半授不授”，也不要做“甩手掌柜”。“今后展会你来负责，包括前期的提案、中期的监督、后期的收尾。”

建立威信并非简单地和下属打成一片或者一味地授权激励，而是一种能力的体现，是一种奖惩举措的展现，也是一种权力收放的平衡。只有下属时刻既敬重你又怕你，才能构建你的威信。

四、与下属“亲密有间”

领导如果想做好工作，就应该与下属保持“亲密有间”的关系，即为一种不远不近的合作关系。如果领导与下属亲密无间地相处，容易导致彼此不分你我，也容易导致领导在工作中丧失原则。作为领导，想要把控局面，不仅要有慈爱，还要有威信。有威信的领导不怒自威，没有威信的领导无法得到下属的尊重。刺猬效应正是存在于管理者与下属之间的天然屏障，让双方在上下级沟通交往中始终明确自己的位置。

第五节 | 员工频繁请假，领导如何应对

有些员工隔三岔五就请假，丝毫不顾个人影响和团队平衡，也不管团队工作的协同性和生产力。遇到这种问题，作为领导的你该如何应对呢？

一、重新规范规章制度

很多企业的管理者虽然制定了相关制度，但在执行过程中，总会感觉制度还是过于形式主义，实施起来让人感觉力不从心。而关于这点，笔者认为，主要是因为管理模式还是更偏向“人治”，而非“法治”。管理者总是凭借自己的主观喜好对员工进行约束，既没有效力，也会失去威信，造成了员工不把管理者的要求放在眼里的结果。

热炉效应，是指组织中任何人触犯规章制度都要受到处罚。它带有警示性、一致性、即时性和公平性4种特性，对于管理上述不守规则的员工，有一定的参考意义。

1. 警示性：事前充分警告，使其知道一旦接触热炉（违反规章制度），就会被烫伤（惩罚）。

2. 一致性：每一次接触热炉（违反规章制度），都会被烫伤（惩罚）。

3. 即时性：当触摸热炉（违反规章制度），将在瞬间感受到灼痛（惩罚）。

4. 公平性：无论是谁，只要接触热炉（违反规章制度），都会被烫伤（惩罚）。

而热炉效应的应用以员工充分了解规章制度为前提。很多员工由于对规章制度并不重视，才会肆无忌惮地请假。因此，笔者建议管理者和员工重申一遍请假制度，有理有据地指出对方违反规章制度的事实，让对方心服口服。

1. 告知制度：在员工办理入职时，甚至在面试时，就可以强调公司的请假考勤制度，如果对方没有异议即默认为认同；同样，给员工发书面的规章制度予以查看，或者做入职培训时予以强调，明确公司的请假制度，都将视为公司对员工尽到告知义务。“这里是公司的规章制度，请额外注意请假的流程是……”

2. 调整规则：员工请假，前提是不能影响工作。因此，对于频繁请假的员工，要在请假规则上采取相应的调整：从频次上，可以对每个月的请假天数予以限定；从时间段上，可以要求避开团队紧急任务；从申请流程上，需要提前一天提出申请等。这些规定可以加强你对员工的管控，制约员工频繁请假的行为。“××，你手头的项目比较紧，这一周先克服一下，抓紧完成，等完成后你再请假。”

你可以给员工行方便准许请假，但员工也要根据你的规则来请假，这样才能最大程度上相互调剂，彼此才能相处得舒服。

二、奖励员工的全勤行为

新行为主义心理学家伯尔赫斯·弗雷德里克·斯金纳提出的强化理论分为两种类型：正强化和负强化。

正强化，是指奖励那些符合组织目标的行为，以使这些行为得到进一步加强，从而有利于组织目标的实现。奖金、升职、对成绩的认可和表扬、改善工作条件和人际关系等都被归为正强化。

员工总是请假，因此公司将绩效考核和全勤奖与员工的利益进行绑定，告诉员工如果你越是努力保持全勤，奖金就越多，最后员工会为了获取这部分利益努力保持全勤，公司制约员工请假行为的目的因而得以实现。

没有人会和自己的利益过不去。员工之所以肆无忌惮地请假，主要是因为全勤并没有让他获得什么好处。因此，笔者建议管理者可以用正强化与员工的考勤相结合，激励员工减少请假，争取全勤。

1. 挂钩绩效：员工的考勤直接记入绩效考核，影响其薪资的调整和岗位的调动情况。对于出勤记录良好的员工，各种调薪、奖金、福利、升职予以优先考虑。

2. 设置全勤奖励：设置月度全勤奖，用以鼓励全勤的员工，发放适当的奖金；设置年度全勤奖，用以鼓励整年全勤的员工，奖金要高，达到表彰和激励作用。

人都是趋利避害的，员工觉得请假成本低、无所谓才会频繁请假。把请假和他的利益绑定，让他看到每一次的请假所产生的经济上的影响，能有效制约他的请假频次。

三、惩罚员工的请假行为

负强化，是指对于符合组织目标的行为，撤销或减弱原来存在的消极刺激或者条件以使这些行为发生的频率提高。批评、处分、降级、少给或不给奖励都被归为负强化。员工总是请假，公司就会转交其核心工作或给予相应的警告，员工如果不想被转交工作或收到警告，就要减少请假行为，从而公司制约员工请假行为的想法得以实现。

员工频繁请假，可能是他觉得工作过于轻松，没有危机感。因此，笔者建议各位管理者，可以给请假对象制造危机感，让他感受到事态的严重性，不敢轻易请假。

1. 转交核心工作：和员工私聊，表达因为他请假频繁，许多由他负责的工作却在持续进行，因此，请他把这部分工作交给其他人来做，他就负责一些零碎细小的工作。这样，当所有重要的工作都被移走时，剩下的都是一些皮毛的事务性工作。手头没有了业绩，就等于没有了竞争力，也就意味着随时随地都有可能被开除，面对这样的情境，谁还敢请假？“鉴于你近阶段请假比较频繁，我就先把你手头的大客户转移到 ×× 这边去了，这样你请假也不会影响平时的工作。”

2. 给予警告：对于出勤记录不佳的员工，给予一定的降薪、扣奖金、扣基本工资、非强制性福利不予考虑等；对于请假频次过高、缺勤严重的员工，要及时给予谈话，了解情况，并按照规章制度给予一定的处分；对于缺勤过于严重，已经影响了本职工作的，将其调职到其他岗位，或者直接予以开除。“你的请假次数较多，确实严重影响了本职工作，已经无法胜任我们这个岗位的工作要求了……”

给对方制造危机感，让对方觉得如果再请假，不仅可能接不到核心工作，甚至还有可能失去工作。带着这样的想法，对方便不再轻易请假。

四、频繁请假要在最初时段介入

员工肆意请假，HR 建议管理者必须在一开始就进行遏止。从管理者角度，若不及时介入管理，就会让员工感觉自己的行为是被允许和鼓励的，继而延续类似行为；同时，站在其他员工的角度，如果看到有员工屡次挑战规章制度，而管理者却不作为，就会产生两种行为模式。

1. 维持原状： 这是一种倾向于克制压抑的行为模式。既不认可请假的员工，也不认可管理者的不作为，如果在表面上仍保持原先的行为模式，那就会私下里对此类行为表示抗拒。长此以往，必然会影响内部稳定性。

2. 纷纷效仿： 这是一种群体效应的行为模式。既然管理者对于不当行为不予矫正，那就等同于认可此种行为的合理性。既然合理，又能给每个人带来好处，何乐而不为？

综上，不及时介入的结果就是最终需要花更大的力气去调整，不利于团队的合作与和谐发展。

第六节 | 面对员工挑衅，该怎么办

几乎在每个团队中，都会存在一部分难以管理的员工，他们经常会在公开场合顶撞上司，并且总是煽动团队成员违反领导的规定。面对员工的挑衅，该怎么办？

一、让他放下防备

员工敢在公开场合挑衅你，主要是认定了自己在团队中的重要性。因此，在没有找到合适的人替代他之前，最好的办法就是想办法稳住他，让其帮助你工作。

对方总是挑衅你，不就是要证明自己能力比你强，资历比你老吗？那你正好借由这点，给予他足够的尊重和认可，降低他对你的敌意，请他来帮你做事。

不管对方的态度如何，能力和资历摆在那儿，虽然在职位上对方级别不如你高，但作为晚辈，他身上也确实有值得你学习的地方。因此，找个机会和对方私下沟通一下，给对方戴戴高帽子，悉数夸奖一下对方的优势和你敬佩的地方，让对方对你放下戒备和敌意。“在我们部门，就数您资历最老、能力最强了！”

给对方尊重，让对方觉得你认可他。与此同时，对于对方的工作要给予表扬及奖励，以形成正向的闭环，对方可能会逐渐放下对你的敌意，从挑衅到配合你的工作。

二、使他无法反驳

有些挑衅的员工，连现有的规章制度都未必遵守，更别说遵从你的规定了。如果想让他尊重你的想法，听从你的决定，就要让他觉得这个决定是大家共同通过的，而不是你个人做出的。

利用团队的决策来给个人决策施压，利用了心理学上的从众效应。从众效应，是指当个体受到群体的影响（引导或施加的压力），会怀疑并改变自己的观点、判断和行为，朝着与群体大多数人一致的方向变化。没有人愿意和“与自己持相反意见”的人交往。在团队中，个人往往不愿意违背群体标准而被其他成员视为越轨者，害怕自己与众不同而遭到孤立，因此采取多数人的意见。利用从众效应，轻松收服挑衅员工。

1. 骨干私聊：当你要做一个决定，担心对方不遵守而和你唱对台时，用不着苦口婆心地找他谈话，而要大张旗鼓地直接通过集体票选通过决议。而在集体投票前，你需要单独先找一些骨干聊聊你的想法，听一下他们的建议，优化一些自己考虑不周的地方，同时事先了解他们对于此事的态度，争取让大部分骨干都站在你这边。“明天的会议是关于 ×× 提案的决策，我想先听听你的意见。”

2. 公开信息：搞定了骨干后，你就可以把大家全部召集起来，通过公开透明地讨论，集体表决通过决定。让对方觉得这个决定是大家集体认可的，如果他反对，那么他不仅是站在你的对立面，更是站在整个团队的对立面。群体的施压会迫使他遵守决定和规范。

先小范围调研，再大范围地表决通过，让大多数人站在你这边，他们将更容易引导舆论，帮你顺利推行你的决议。对方感觉自己势单力薄，自然也没有反抗的余地。

三、逼他卸去铠甲

你之所以没有办法直接和对方开战，是因为很多工作还捏在他手里没人接，和他起冲突就要承受着工作衔接断档、部门运转受阻的风险，因此你才会对其委曲求全。笔者根据多年的 HR 从业经验建议管理者，想要彻底解决，就要从根本入手。

1. 做好备份：从对方开始挑衅你权威的那一刻开始，就要做好两手准备。表面上，要权当没事发生，继续对他客客气气，减少对方的敌意；暗地里，尽快物色合适的人选，再不行就亲自上阵，去熟悉、上手对方的工作。只有这样，你才有安全感，即使对方突然哪天撂挑子你也不会过分担忧。

2. 给他展示：掌握了对方的核心工作后，你就可以让对方看清楚地球缺了谁都会转，没有他工作照样能做好。当他看到你把他这块工作处理得有条不紊时，就知道自己已经失去核心竞争力，对你的态度自然会软下来。“之前你这块工作一直没有人能接下来，确实也让你辛苦了。现在好了，×× 在这块上的进步非常大，我认为他已经可以独当一面了！”

3. 挑衅开除：如果对方还是执迷不悟，一意孤行地继续挑衅你，那就直接和对方谈判，让对方走人。这样，也在团队里起到了“杀鸡吓猴”的作用，让团队其他成员看到挑衅的结果，进一步树立你的威信。

在没有做好备份前，主动权还在对方手里，这时要韬光养晦，和对方尽量客客气气；等做好备份后，主动权就掌握在你手里，如果对方再找你麻烦，就不必和他再客气。

四、警惕工作生活中的“好声音”

面对挑衅的员工，可以通过“捧杀”让对方产生良好的自我感觉的同时，继而高估自己原有的实力，最后陷入自以为是的怪圈，落得一地鸡毛的下场。

因此，在工作或生活中，一定要警惕那些过分夸赞你能力的人。当被人夸奖时，一定要搞清楚赞美是有理有据，还是夸大其词；评价是客观真实，还是客套奉承；对方是有所目的，还是由衷认可。“忠言逆耳利于行，良药苦口利于病。”心有“灯塔”，才能砥砺前行。只有坚守本心，清晰地认识到自己的斤两，才不会被夸赞声左右，不被外界所干扰。

强势出击

在团队中快速取得主导地位

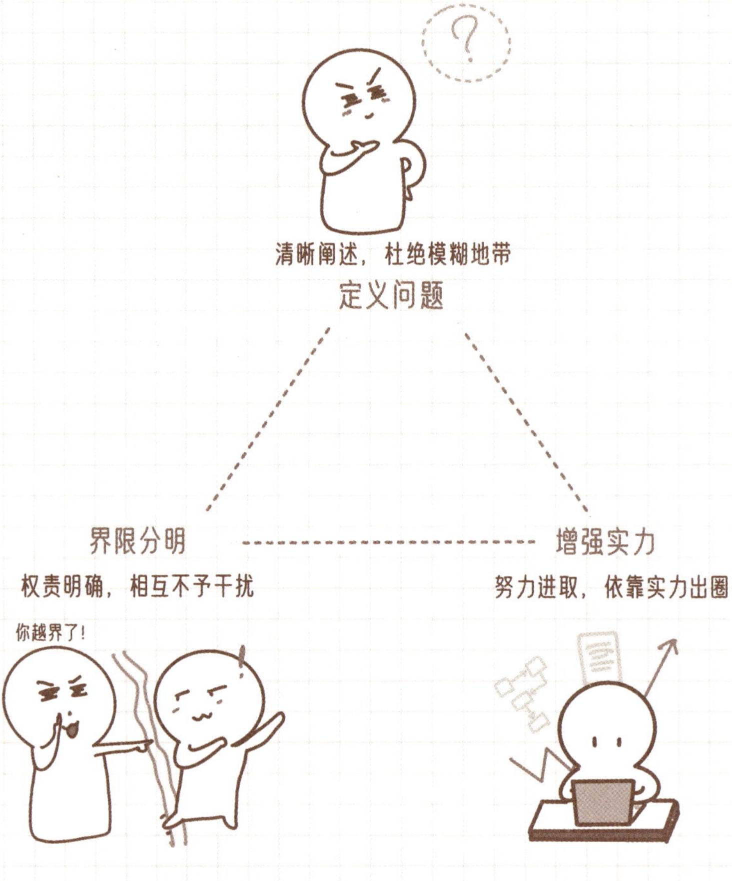

TEAM
COMMUNICATION

第六章 间接提议，反对的话也可以这样说

第一节 | 如何巧妙地拒绝领导不恰当的安排

当领导给你安排一些你不想干的工作，这时你该如何巧妙地拒绝领导的安排，又不被讨厌呢？

一、以能力不足为由

想要拒绝领导的安排，当然要搬出一些正当的理由，用来说明你不合适的原因。具体可以分别从3个不同的维度展开，向领导展现你的客观情况，引导领导找到更为合适的人选。

你可以以能力不足为由，向领导证明以你现在的能力来办这件事，并不能达到他的预期。能力，是指完成一项目标或者任务所体现出来的综合素质。一个人的能力强弱，是决定他是否能办成这件事的主要因素。且能力的增长并非一朝一夕，而是需要时间的累积和实践的频次叠加而成。

因此，当领导给你安排的事正好是你能力范围以外的，一时半会儿也无法迎头赶上，你就可以如实告知，让领导衡量、重新考虑人选。

1. 能力不足：针对这项工作，梳理自己知识、技能上的局限，间接告诉领导这项工作不在你的擅长范围内，如果你来干，可能会产生一定的风险，让领导心里能提前有个预警。继而领导就会重新考虑，是否有在能力上更适合的人来做这件事。“领导，我平时的工作职能是 ×× 方面，现在这个工作主要需要 ×× 的能力，可能和我本身匹配度并不高。我担心万一做不好，会给公司造成损失。”

2. 请求培训：万一领导还是执意让你干，一方面你可以向领导申请一些相关培训，或者向老员工求教；另一方面你要向领导承诺“尽全力但不打包票”，这等于降低领导的预期，同时给自己留了一条后路，最后干不好领导也没话说。“领导，这方面我不是太熟悉，可否给我安排一次学习的机会，这样我能整体系统性地学一遍，这个工作也就能完成得更好。”

一个人的能力强弱，就是决定他是否能胜任工作的评判标准。让领导感觉你无法胜任，他自然也就不会再把工作交给你；如果领导还是派你去做，就要请求相关的培训机会，力求以最快的速度提升你的能力。

二、以资源不足为由

当你的能力足够干这件事，但又因为种种原因想要拒绝领导时，就可以从资源上下功夫。

资源，是指物力、财力、人力等各种物质要素的总称。资源，决定了成事的质量。有资源的人，可能很轻松就把事给干了，而且还干得漂亮，轻易就能获得好评；没有资源的人，干得辛苦不说，事情往往还办得不伦不类，吃力还不讨好。

因此，你可以直接和领导提出自己资源匮乏，对于所交代的事情无法给予助力，恐难达到领导的预期。

1. 资源不足：和领导讲述自己在人力、物力、财力上的不足，把将会遇到的困难讲出来，让领导感觉，与其给你配齐这些资源，不如换个人省事。“领导，我刚转岗一个多月，周围的同事对我还比较陌生，但这项工作又恰好需要借助部分同事一起协同办公，我感觉确实有些吃力。”

2. 请求资源：如果领导还是坚持让你干，说明他也没有更合适的人选，那此时你就可以主动问他要资源、要协同、要授权，让领导帮你把工作所需全部配齐，这样工作干起来也能更轻松自如，自然更容易出成绩。“领导，我很愿意承担这项工作，只是我一个人可能没法完成，需要其他同事的协助……”

借助资源上的不足，从客观上阐述自己难以胜任的理由，让领导重新考量你是否适合做这项工作；或者让领导给你配齐资源，方便你把工作做好。

三、以时间不足为由

每个人的时间都是有限的，在单位的时间内往往只能干好一件事。如果是能力上的不足，充其量就是无法保质保量地完成工作；资源上有缺失，最多就是无法最好地完成工作；但时间上有冲突，则根本无法完成工作。

很多时候领导做决策时时间紧迫，没有全面、充分地考虑，指派你做这件事的同时，又会和其他事情产生冲突，这时，你就可以用其自相矛盾的指示进行拒绝。

1. 时间不足：告知领导除了这项工作，手头上还有哪些工作在同步进行。让领导看到你的工作量已经很大，并没有充分的时间完成新的工作，说不定他就可能把这件事交给手头工作少的人去做了。“领导，这是我目前手头上的工作，其实工作时间已经将近饱和了……”

2. 时间管理：如果领导还是坚持要你来做，那么你需要请示领导其他的工作是否分出去还是有个时间先后、轻重缓急的顺序，以免耽误工作。“领导，上周您交代本周我还需要做……您看我是先做您刚才交代的工作，还是……”

告知领导自己的工作安排，让其重新规划，不管新的工作是否还是分配给你来做，至少让自己有更充裕的时间完成工作，而不是手忙脚乱应付交差。

四、让你的拒绝言之有理

当你想要拒绝对方，或者请求对方帮忙时，要是能在后面加上一个理由，成功的概率会更大。

因为这时人们容易产生思维定式，即由先前的活动而造成的一种对活动的特殊的心理准备状态，或活动的倾向性。也就是说，大脑会根据每个人的经历与经验，自动搜索筛选关键字，以帮助我们减少思考成本，加快决策速度。甚至有的时候你都不需要说出什么正当理由，你只要说出“因为”这两个字，大脑就会自动判别你接下来说的是针对前一个话题的理由。因此，即使这时你的理由和前一个话题联系不大，也会把“理由”注入对方的潜意识，让对方开始陷入认真的思考与评估。

第二节 | 和领导意见相反时，如何表达你的想法

领导不是圣人，也会有犯错的时候。当意见和领导相反时，怎样表达你的想法，才能既不打脸，又让领导欣然接受呢？

一、通过请教表达反对

在开会时，领导通常会就一些工作直接拍板。有些人发现领导的错误后会直接表达自己的意见，想到什么就脱口而出，因此总是会不经意间触碰到领导的“雷区”，让领导尴尬不已。

1. 不顾情面

领导也愿意接受员工的意见，前提是你要表达出对领导一定的尊重和礼貌。有些员工平时犯错被领导训得狗血喷头，难得遇到领导出一次错，就抓住机会借题发挥，当众拆领导的台。

2. 不分场合

给领导提意见，本来就是件让领导丢面子的事，能私下就要尽量避免公开。但有些员工却不分场合，越是人多越来劲；领导已经多加暗示，他还完全不加理会继续发挥，让领导颜面扫地。

3. 没有结果

有些人看似积极，不断地在动脑筋，可他们总是提一些难以解

决、没有结果的问题。这样不但不是在给领导提建议，反而是在给领导找麻烦，只会让领导心烦和厌恶。

真正高情商的人，即使发现了问题，也能考虑到领导的感受、尊严或面子，克制自己的表达欲望，或通过一种请教的方式，达到提醒领导的目的。

你可以直接表达对工作的不理解，对领导进行提问，或者让领导为大家重新讲一遍。在领导回答问题或者梳理问题的同时，就有可能自己发现问题。“领导，可能是我比较笨，对您刚才讲的流程，我在 ×× 环节没有听懂，您可否再解释一遍呢？”

有时，装糊涂才能顺势而为。让领导相信你确实不懂，他才会更愿意给你解释透彻。而你通过这种方式，不仅没有让领导感觉你是在指出他的问题，反而给他保留了颜面。当领导发现自己的错误时，也会因为你没有直接点破而对你心怀感激。

二、通过暗示表达反对

关于批评，在管理学上有个专有名词叫作“波特定律”，是指当遭受许多批评时，人们往往只记住开头的一些，其余的就不听了，因为他们忙于思索论据来反驳开头的批评。这个定律说明，当批评太直接时，会让对方产生逆反心理，因此无法真正达到批评的效果。因此，当你想给别人提建议时，不要一开口就批评对方，而应该先与他站在同一边，再帮助他一起寻找其中的原因，只有这样，对方才更容易接受。

不直接点明领导的错误，取而代之的是把自己的顾虑提出来，这样不但能让领导觉得你在为他考虑，还能自然地引导领导对自己原有想法中的疏漏重新进行修正和完善。

1. 表达肯定：首先，你可以对领导的想法予以肯定或赞美。领导的方案也是经由深思熟虑提出来的，也是希望对部门、公司都有好处，这点毋庸置疑。因此，即使你觉得领导说的都是天方夜谭，无法实现，也要找出领导想法中正确的部分，对其予以肯定。通过这种方式，能表达和领导思想上的一致，让他在面子上和心理上都感到安全，放下对你的防备之心。“我觉得这个想法太棒了！”

2. 自嘲暗示：肯定过后，接着可以从自己的角度提出你原本的想法，在想法中掺杂你对领导的想法的反对或补充，让领导通过听取你的想法，重新思考自己的想法是否有错误或漏洞，并对其进行调整和修正。“领导，还是您考虑得周全，我一开始还以为应该要 ××，看来确实是我太缺乏经验了。”

想要表达和领导相反的想法并不容易，特别是在和领导关系还不是十分密切时，只有深思熟虑，从旁隐晦地引导暗示，才能给自己保留余地，影响领导的决策。

三、通过假设表达反对

要想让领导听从你的建议，诀窍就是要时刻让领导感觉有安全感。安全感，是指对可能出现的对身体或心理的危险或风险的预感，以及个体在应对处事时的有力感或无力感，主要表现为确定感和可控感。简言之，如果领导觉得你有目的和企图，就会失去安全感，减少对你的建议的认可度；如果领导觉得你是纯粹无目的的，就会保有安全感，增加对你的建议的认可度。

因此，你可以在提出建议的时候，选择合适的衔接词，让你的建议听起来是以领导为先的，降低他对你的敌意，加强他的安全感，进而增加对你的建议的采纳度。

1. 想法相同：做细节部分的补充，你可以用“是的、并且”来表达。“这个想法相较以往确实有了很大的突破，并且如果我们能在预算上做好把控，这个想法肯定能吸引全行业的眼球。”

2. 想法相反：你需要把领导没有考虑到的问题提出来，此时可以用“是的、只是”来表达。“领导的想法也是为了让团队业绩更好，让大家年终奖多拿些，只是如果没有加班费，不知道会不会影响大家的工作积极性！”

通过思考领导想法中的缺失或漏洞，提出一个假设性的问题，让领导在思考回答的过程中，找到缺失或漏洞的部分，进而完善自己的想法。

四、如果和领导意见总是相反，怎么办

和领导意见总是相反，很大程度上说明你们的行为模式不一样，你和领导的关注点很可能正好落在两个相对的象限中：一个注重人，一个注重事；一个反应速度快，一个反应速度慢。针对这样的情况，DISC + 社群联合创始人李海峰老师在《领导力》中提到：可以有意识地运用两大原则对其加以“预测”和“管理”。

1. 打配合，做组合：一个团队需要多元化的存在，彼此组合并互相配合，才能胜任不同的任务。因此，你可以对比领导的行为模式，客观分析自己的优势和劣势，取长补短，协助领导更好地完成工作。

2. 从他人角度出发：既然已经知道和领导的意见总是相反，就要放弃原本的习惯和方式，而去思考对方能够接受的方式。从这个角度去提议，将更为行之有效。

第三节 | 同事总把自己的工作推给你，怎么拒绝才不伤情面

在工作中，经常会碰到某些人，明明是自己的职责范围，或是力所能及的事，而偏偏要推给别人。面对这样的同事，该如何拒绝才不伤情面呢？

一、主动表达关心

对方求助你，一定是在某些方面碰到了困难。如果你听也不听就直接拒绝了对方，免不了会被人在背后指摘你冷漠自私，以后你遇到困难别人也会“以礼相待”。

因此，妥帖的做法是先听对方说完，搞清楚对方到底发生了什么事，难点在哪里，对这件事的期望是什么，等等。再根据对方的人品、事情的性质来判断，到底要不要拒绝对方。“你先告诉我，到底是什么事让你这么着急？”

主动开口表达对对方的关心，对你来说有以下几个作用。

1. 表达担心：不管能不能帮上忙，先明确表达对对方的担心，在情感上做到位。

2. 拉近关系：只有关系好才会关心你，让对方感觉彼此关系亲近。

3. 搞清情况：到底对方是什么事情，搞清楚了才能判断自己能不能帮。

4. 争取时间：想拒绝一时不知怎么说，听对方讲的时候整理一下话术。

在对对方表达语言上的关心的同时，也要相应地在非语言方面（姿势、动作、神态、表情、行为等）显露出对对方的关心。

非语言沟通是相对于语言沟通而言的，是指通过肢体动作、面部表情、语气语调、仪表服饰等方式进行信息交流和沟通的过程。

美国语言学家艾伯特·梅瑞宾提出了一个著名的沟通公式：沟通的总效果 =7% 的语言 +38% 的声音 +55% 的表情。在这里，声音和表情都是非语言沟通的形式。

大多数非语言沟通揭示了沟通者的态度和感觉。如果你希望对方加强对你语言信息的可信度，就需要使非语言信息与语言信息的指向保持一致。而如果你的语言信息和非语言信息产生冲突时，对方将更依赖非语言信息来判定你的态度和感觉。

因此，只有你的语言和非语言保持同步，对方才能真实地接收到你的关心。通过对对方表示关心，能让自己更清楚对方的情况以及需要的帮助，可以让你力所能及地给予帮助，或者根据实际情况委婉拒绝。但不管怎样，它都能帮你拉近彼此的心理距离，这样，即使最后你没有帮上对方，至少还能给对方留下“关心同事”的好印象。

二、给出拒绝原因

有些人即使没有帮别人，别人也不会对他们有微词；有些人帮了别人，非但没有收到好评，麻烦事还接二连三地找上门。比如以下 4 种情况，你帮了忙还落不到好。

1. 可有可无：你帮的这个忙不是只有你能做，其他人也能做，因此有你没你都一样。这样的忙，你即使花再多力气，别人也根本不会记得你。

2. 帮不上忙：有些人帮不上忙还要拼命帮忙。看似你在不断地出力，结果却根本没有实质性解决对方的问题，有时甚至帮了倒忙，还让别人欠你人情。这样的忙，你帮了别人反而让人更头疼。

3. 理所当然：当对方觉得你理所当然给他帮忙时，不管你做了多少，在对方眼里这些都不算什么。这样的忙，你帮了他也不会记你的功，你不帮他反而还会责怪你。

4. 另有所图：当对方觉得自己的地位、势能比你高时，你去给对方帮忙，对方就会觉得你有所图谋，想要借此攀附。这样的忙，你帮了也不会获得感激。

之所以总遇到别人把工作推给你，追踪其关键，在于在日常的工作中，是否有自我界限意识。自我界限意识，是指人们意识到自己和其他人或事物之间存在一定的界限。在拒绝他人的时候，我们是在保护自己的边界。人际边界的试探往往就是从这些小事开始的。当你拒绝他人时，就等同于告知外界你的边界在哪里。所以，在自己不方便的时候要鼓起勇气说“不”，才能在人际交往中慢慢建立一个清晰的边界，只有这样，你才会得到别人的尊重，麻烦也才不会时时找到你。了解这点后，你就会明白有些事，如果不拒绝，就会变本加厉来找你的原因了。

因此，在当你了解完事情的整个过程后，仍然觉得要拒绝对方，就要坚持去拒绝。并且最好找出一个拒绝的理由，减少拒绝的杀伤力。这个理由必须要和对方提出的事情相冲突，最好是那种两者不可同时兼得，对方又无从考证的理由。

1. 工作冲突：用工作安排的冲突来拒绝、推脱最合适不过了。你可以把你的工作量拿出来，告诉对方你的工作已经全部排满，没有冗余的时间或精力来帮他。“抱歉啊，正好领导安排了我一个紧急的工作，今天必须完成，所以恐怕没有办法帮您了。要不然，您去和领导说一声，只要领导允许……”

2. 条件冲突：和对方讲清你的客观条件，让对方觉得不是你不愿意帮忙，而是客观条件不允许，你没有办法帮忙。时间上的冲突，经济上的冲突，能力上的冲突等，让对方感觉你即使帮了忙，也无法达到对方的预期。在这样的情况下，对方还会找你帮忙吗？“抱歉啊，正好我手头有个工作，今天必须完成，我明天倒是不忙，只是你这项工作今天就是最后期限了……”

拒绝别人或多或少都会让人心怀愧疚，因此，在拒绝别人时，一定要加上一个合理的原因，让对方感觉你确实是有身不由己的苦衷，这样从情感上对方就更容易接受了。

三、找出解决方案

拒绝对方后，为了保留自己在对方心中的好印象，你还可以根据自身经验，给对方提出一些解决方案，让对方从你这里得到一些收获。

1. 解决思路：如果是一件你有能力办却没有时间办的事，可以给对方指导意见，告诉对方大概需要哪几个步骤，重点在哪里，使对方从一筹莫展到有一个清晰的解决思路，来缩短他解决问题的时间。“这个事情大致是这样做……我可能没法具体帮你一起做，但基本上按照这个思路做就好了。”

2. 转介渠道：如果是一件你没有能力办的事，就可以给对方转介到你认为可以帮到他的渠道。比如，推荐给他擅长处理这些事的人，包含这些内容的平台，帮忙解决此类事情的组织机构等。“这个事我知道 ×× 特别合适，你去找他，兴许可以给你办下来。”

虽然你不能亲自帮他，但你还能站在他的角度，替他操心他的事情，给他解决思路或转介其他渠道，这些都能让对方觉得你对他非常上心，对方心里感激你还来不及，怎么会对你有芥蒂呢？

四、拒绝讨好他人

害怕说“不”的实质是害怕否认和被否认，是一种内心需要依赖他人认同，以及害怕他人不接纳自己的情感。不拒绝他人，并最终用“有求必应”的讨好行为而实现受重视、被接纳的心理需要，久而久之就会形成讨好型人格，即一味地讨好他人而忽视自己感受的人格，这是一种不健康的心理状态。他们以取悦别人为目的，害怕与他人关系破裂，因此委屈自己，在别人眼中卑微地讨好不但不会获得感激，反而可能会成为被任意欺负的对象。

第四节 | 如何劝固执的人改变想法

有些人很固执，一旦作了决定十头牛也拉不回来，甚至很多时候明眼人都看出他的想法是有问题的，但怎么劝也无法动摇他。面对这样的人该怎么办呢？

一、表达你的认可

固执，源于信念。信念，是指认为是事实或者必将成为事实，对事物的判断、观点或看法。信念是人们在长期的人生实践中逐步形成的，其中积淀了一个人多年的生活经验，包含了社会环境对他的长期影响。信念一旦形成，是不会轻易改变的。

人们都喜欢听和自己相同的意见，不喜欢听和自己相反的意见，也不希望自己是被说服的那一个。最好的办法就是彼此朝着对方跨一步，找到想法的共通点，求大同存小异，让彼此的想法相容，关系才能正常延续下去。

因此，面对和你持相反意见的人，想让他听你的话，笔者建议：要先一步表达对他的赞同。

1. 内容认同：想让对方听你话，你就先要表达对他的赞同。你可以从他的想法中提炼一些你觉得正确的部分，对其进行肯定，以此降低对方对你的防御，增加对方对你的接纳度。“你说的有一点我觉得非常正确，是……”

2. 立场认同：在对方的固执中，也有其他想法的根据，而这些根据往往也是有一定道理的，只是对方在使用时没有注意到其他用法上的限制。因此你可以美化对方的目的，表达对对方立场的认同，这样和对方在相处模式上更为同频，对方也就更加愿意对你敞开心扉。“你会这样做主要也是出于好心，想要……”

性格固执的人会觉得自己的想法就是对的，所以当有人和他们想法相反时，他们会不假思索地进行对抗，以坚定自己的想法。而只有当他看到你是站在他这一边的，才会愿意听你继续说下去。

二、引发对方的好奇心

心理学认为：好奇心是个体遇到新奇事物或处在新的外界条件下所产生的注意、操作、提问的心理倾向。好奇心是个体学习的内在动机之一、个体寻求知识的动力，是创造性人才的重要特征。想让固执的人改变想法，如果光从外在进行强制的打压及矫正，未必能获得期望的成效；不如从内在增加他的认同，激发他的改变欲望。

当对方见你接纳他的想法，必然会对你减少敌意，开始愿意跟你继续交流，这时就对你产生了认同；接着，你就要想办法故意引起他的注意，让他愿意听你说。

1. 故弄玄虚：人一般会对自己不知道的事情感到好奇，因此，你可以说出一个对方完全不知道的短语、句子或事情，激起他的好奇心。对方越不理解，就越是想知道，就越会激发对方的求知欲，为你接下来的话做铺垫。

2. 抛砖引玉：对他的话进行拆解，选出其中有问题的部分，运用对比，强调其关键性和重要性，借力打力，激发对方的好奇心。“你说的方法，按常理说是非常正确的。但有一个小的地方，一般人都不会考虑到，如果你也没注意到，就等于前面一大堆工作都白搭了。”

通过各种手段，引起对方的好奇心，要让对方忍不住来追着你问，而不是主动去和对方讲理说服，你苦口婆心，对方还不买账。

三、说出你的观点

固执的人之所以“油盐不进”，总是觉得自己对，别人错，其实究其本质，其实是陷入了一种认知歪曲。认知歪曲，是指认知中存在错误的、不合理的、片面的或偏执的成分。你之所以会觉得想法固执的人难以沟通，不听劝告，是因为在他们的认知中，缺少了某些限定的部分，使其在处理讯息时出现扭曲情形，导致错误的假定与观念。

想要纠正他们的错误认知，就要找出他们想法中的不合理信念，即那些绝对化的、过分概括化的、极端化的思想认识。要从不合理的信念中，找到合理的角度去理解诱因事件，帮助对方用不同的角度看待事情，以此纠正他的不合理信念，改变他的固执想法。

之前通过抛砖引玉，引发了对方的好奇心，让对方变得愿意听你说了。而这时你表达的观点，对方才能听得进去。笔者建议可以从以下两个方面着手。

1. 正面攻破：对方之所以执拗，是他坚信在自己的思维定式下，自己的认知并没有错。因此，想要改变其想法，只要跳出对方的思维定式，从一个新的角度去验证，找出限制性条件，举出反例，就能瓦解对方固执的想法。“你说的是有道理，但却是建立在……的条件下，如果没有这个条件，你的想法就不成立了。”

2. 侧面影响： 改变想法有时候是需要循序渐进的，如果没法一下子改变对方，可以通过先在对方心里留个钩子，再一点点地去瓦解。用和对方想法相似的第三方的故事，来引发对方的兴趣，再加一个负面的结果，即使你嘴上不劝解，对方心里也会对标自己，进行深度思考。“你说的事上次我朋友刚做过，一开始确实各方面都很顺利，可是后来……”

抓住要害，正面攻破，给对方醍醐灌顶的一击，更适用于事事都喜欢杠到底的人，通过这样的震撼教育让对方可以在公开场合从此闭嘴；润物无声，侧面影响，本着“星星之火，可以燎原”的愿景，更适用于低调内敛不声不响的人，通过这样的委婉引导让对方可以最大限度地保留颜面。

四、接纳固执

每个人都有自己的想法，职场上也有不少人会坚持自己的工作理念和流程。当对方和你想法不同时，你会想要努力说服对方改变想法，希望他接受你的想法后变得更好。但回过头来看，这难道不是另一种固执想法吗？当对方觉得自己的想法合情合理，让他的工作顺利、生活和谐时，你还有什么理由坚持要让对方改变想法呢？

第五节 | 如何喊停滔滔不绝的“祥林嫂”

有些人特别喜欢聊天，话匣子一打开就没完没了，没几个小时根本就停不下来。碰到这样的人，你该如何礼貌地终止谈话呢？

一、告知后续事宜

想要终止滔滔不绝的谈话，又不想被对方记恨，就要让对方感觉你是事出有因，或是另有隐情。

可以先一步和对方说明你接下来的安排，让对方对于之后的谈话有个预期，到时候你就能优雅地结束你们之间的谈话。“今天你来得不巧，我3点后需要外出，不过现在我们还有时间可以聊一聊。”

让对方感觉是他自己“不请自来”，对于你之后的安排，他自然就不好意思影响和耽误。

二、引发下次邀请

想要和对方顺利地结束本次谈话，就可以直接和对方发出下次的邀请。对方一般接收到你的邀请，就明白你希望“这次就谈到这甲，下次继续”的想法了。

“这个有点意思，下次你如果再去，一定要叫上我，你先别给我说太多，让我留点念想，下次好好去看看。就这么定了！”

用这样的方式，能让对方很开心地接收到你下次谈话的意愿，又能很明确地感受到你希望终止当前的谈话。

三、处理突发状况

如果发现对方完全没有要停下来的意思，自己也不想再和对方纠缠下去，那就要想办法找一些突发状况来终止这次谈话。

首先，可以突然一拍脑袋，猛然想起某件事。“哎哟！我都差点忘了 3 点还要开会，先不和你说啦，我得赶紧把表格整理出来！”

其次，可以事先安排，让同事在某个时候找你，正好顺势而为结束对话。“哎哟，不好意思，正好 ×× 来找我帮他 P 图，我们先不聊了。”

最后，可以突然找同事，假装要和同事说重要的事，转而和对方结束对话。“哎！ ××，你别走，我突然想起来一个事得和他说，现在马上！我怕我等下就忘了，你等我下！”

面对突发的状况，既不会让对方觉得当中有任何不妥，也会自觉结束谈话。

四、利用行动暗示

你也可以用一些有明确指向性的行为、动作、神态，打断对方谈话的兴致，温柔地下“逐客令”，让其知趣地退场。

- 打开书、打开电脑、回邮件、打开抽屉：通过这样的行为表达自己要准备工作了；
- 看手机、回复微信、拿起电话听筒、拨打电话：通过这样的行为表达自己要和别人联络了；
- 站起来、走路：通过这样的行为表达自己要走了；
- 打哈欠、疲惫的表情：通过这样的行为表达自己困倦了；
- 插话、倒水、给零食：通过这样的行为表达对方说的事情无法引起自己的兴趣；
- 评论、反驳、转移话题：通过这样的行为表达自己的反对意见。

通过有明确指向性的行为、动作、神态，暗示自己“无心恋战”，从侧面阻隔对方说话的意愿，让其知难而退。

之所以要喊停滔滔不绝的“祥林嫂”，是因为每当对方来找你聊天，一聊就几小时，如果你不懂拒绝，不但影响你的工作，还会影响你的心情、社交圈层次和格局。

1. 耗费时间

“祥林嫂”有的是话题，只要他们一开口就像漫漫长夜，看不到尽头。如果你不懂拒绝，一直配合地听下去，就会消耗大把时间，自己本身的工作会被耽误，领导和同事还会嫌弃你效率低。

2. 负面情绪

“祥林嫂”总是充满了负面情绪，从他们口中总能传递出源源不断的负面消息。当他们每次把负面消息传递给你时，他们倒是一身轻松，你却负能量满满无处发泄，最后憋出内伤。

3. 疏远同事

“祥林嫂”能量巨大，耐力持久，谁都不愿意被他们盯上。当“祥林嫂”来找你，所有的同事自然会下意识选择疏远你或避开你，以免因为和你关系太好被无端牵连。

吸引力法则是指当思想集中在某一领域的时候，跟这个领域相关的人、事、物就会被它吸引而来。简言之，就是你关注什么，什么就会跟随你。“祥林嫂”就像传播负面消息的使者，在其负面观念传递的过程中，潜移默化地对你产生影响，让你也变得负面起来。

而“祥林嫂”之所以负能量满满，是因为他们只关注事情坏的一面，不去看好的一面。持有这种想法，每次就会自动忽略好的事情，转而去特意关注坏的事情，因此他们看到的都是坏的一面。同样，如果“祥林嫂”每次来找你，都引导你去看负面的消息，久而久之，你的想法也会被其影响，转向关注负面信息了。

五、你无法改变“祥林嫂”的心理模式

几乎每个团队里都会有一些带有负能量的人。面对这样的人，最好与其保持一定的距离，而不要指望通过你的帮忙，他们能改变什么。因为人的行为都是根据个人的信念所指引的，而非一蹴而就的，当然也不可能因为你的影响而改变。除非你做好长期充当“情绪垃圾桶”的准备，不然还是尽早抽身远离，避免危及自身。

第六节 | 下属犯错，该怎么“骂”才能让他听进去

团队中下属犯错是一件很正常的事。碰到这种情况时，到底该怎么“骂”，才能起到好的效果，让下属听进去呢？

一、性格外向的下属犯错

《沟通的艺术》一书中提到，外向的人（那些倾向于欢乐、乐观且乐于与人接触的人）比内向的人（那些易于担心、焦虑和忧惧的人）更容易在日常生活中表达正面的情绪；内向的人比性格沉着的人更容易在日常生活中表现负面情绪。因此，面对不同性格的下属，要分不同的情况来引导。

性格外向的下属直来直往，大大咧咧。因此在犯错后，他们通常更愿意接受直截了当的指正，如果你的表达过于隐晦，他们反而会不明所以。

1. 认知原因：外向的下属通常比较大大咧咧，对于工作上的失误，他们总觉得不是个事儿，对于你的批评容易左耳进右耳出，最

后看似虚心接受，但实则屡教不改，导致下次仍然在同一个地方继续犯错。因此，你可以通过提问，引导外向下属自己找到犯错的原因。“对于现在的结果，你觉得问题的症结在哪里？你在当中承担了什么责任？你觉得你做得好的地方和做得不好的地方各是什么？”

2. 放大隐患：下属之所以不把错误放在心上，是因为从他们的经历或者眼界中，并没有办法看到错误所带来的影响。知道这点，你就要从“过来人”的角度，帮他分析这个错误从整体角度、团队角度、公司角度来看，存在怎样的隐患，带来了怎样的影响。“你今天写错了一个数据，但会导致这个项目的对外报价损失 5 个点，如果对方的采购额是 100 万元，公司就会亏损……”

3. 提出建议：让下属清楚地了解自己错误的严重性后，就要和他一起探讨今后将如何克服同类错误，帮助他一起找出更好的工作方法，减少甚至杜绝错误的发生。一起探讨，有助于调动下属的主观能动性，增强下属的责任心。“你觉得要怎么做，才能预防下次出现相同的问题？”

外向者性格过于大条，很多事不容易掌握分寸，因此直截了当地指出他们的问题是最快速高效的解决办法。通过帮助外向者一起剖析他们的问题，就能帮助他们从源头明确错误原因，纠正犯错行为。

二、性格内向的下属犯错

性格内向的下属心思细腻，有时候会有点敏感，在被别人指出错误时，容易产生心理焦虑。

1. 无意提起：内向的下属心思细腻，有时候想得较多。因此，在向他们指出问题时，要避开非常时期，最好找一个非正式的场合，在闲聊中把问题指出来。并且不用过多的提醒，内向者就会对你的话予以重视，错误也就相应改正了。“对了，上次你做的那个报表，有一个小问题……我后面修改过了，你下次注意就行了。”

2. 侧面影射：有些事你正面和他讲，他会觉得丢脸伤自尊，不如从侧面的角度，通过一个众所周知的故事，或者其他人的真实案例来影射，让他通过你讲的事来对标自己的行为，从而达到行为改正的目的。“之前有一个同事，也是特别细心的人，其他方面都挺好，就是总容易犯一个错……”

3. 演绎暗示：你还可以通过把内向下属犯的错在他面前演示一遍，让他从你演示的行为中看到自己的相似行为，进而起到暗示提醒、纠正行为的作用。

内向者会经常自省，因此即便你不直接点明问题所在，他们也会从你话语中的蛛丝马迹寻找到线索，悟出你想表达的意思。面对风吹草动就内心万马奔腾的内向者，应尽量避免对其正面严肃地批评，旁敲侧击就能达到不错的效果。

在态度上，即使员工犯了错，领导在对其指出错误的时候，也要给予对方一定的尊重。尊重员工是领导者应该具备的职业素养，是对对方价值和人格的肯定，也是回报率最高的感情投资。

在行动上，要帮助下属纠正错误行为，可以参考 PDCA 循环来探讨及设计解决方案。PDCA 循环，是指将质量管理分为 4 个阶段，即 Plan（计划）、Do（执行）、Check（检查）和 Action（处理）。

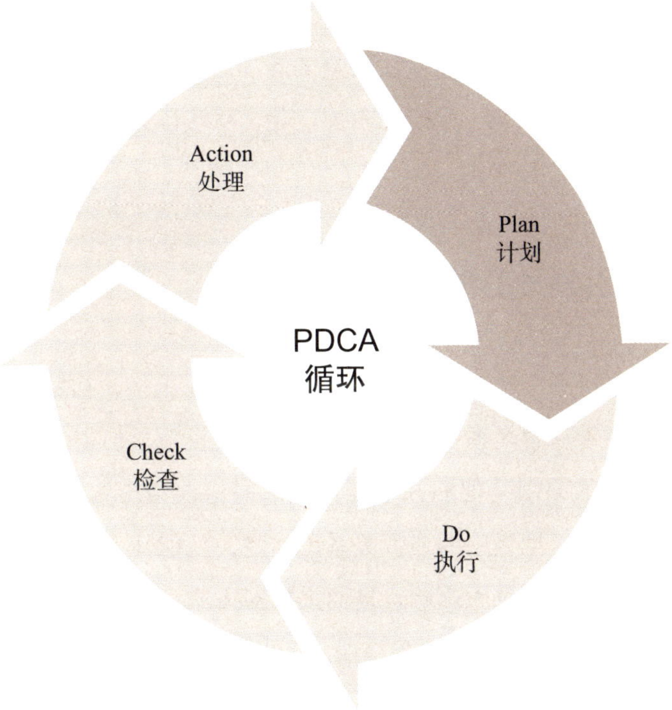

图 6–1　PDCA 循环

1. P（Plan）计划：包括方针和目标的确定，以及活动规划的制定。

2. D（Do）执行：根据已知的信息，设计具体的方法、方案和计划布局；再根据设计和布局，进行具体运作，实现计划中的内容。

3. C（Check）检查：总结执行计划的结果，分清哪些对了，哪些错了，明确效果，找出问题。

4. A（Action）处理：对总结检查的结果进行处理，对成功的经验加以肯定，并予以标准化；对失败的教训也要总结，引起重视。对没有解决的问题，应提交给下一个 PDCA 循环去解决。

以上 4 个过程不是运行一次就结束，而是周而复始地进行，一个循环完了，解决一些问题，未解决的问题进入下一个循环，这样阶梯式上升。这样的工具能帮助员工逐步迭代自己的工作细节，对工作流程予以精细化、标准化和固定化，从实际角度出发，改进工作流程，提升工作效率。

三、引导员工看影响

人人都知道“蝴蝶效应”，即在一个动力系统中，初始条件下微小的变化能带动整个系统长期的巨大的连锁反应。但很多人不把错误放在眼里的原因是他们并不觉得自己的错误会导致严重的后果。因此，如果你能把当中的连带关系说清楚，就能让下属看到自己的错误可能会产生的巨大影响，进而提醒对方意识到错误的性质，对方才能从心底产生警觉，改正错误。

间接建议

反对的话也可以这样说

部分认可，降低抵触情绪

先行认同

给出原因

阐述原因，给予合理解释

替换条件

拿出方案，给对方获得感

TEAM
COMMUNICATION

第七章　委婉引导，化解突如其来的沟通难题

第一节 | 当同事打听你的工资时，该如何巧妙应对

当签完薪资调整表时，总是会有好事的同事来打听你的调薪情况。这种行为总是让人困扰不已：说了，违反公司的规章制度；不说，又担心被别人“孤立”，着实让人两难！

一、积极主动地回应

常言道：不患寡而患不均。公司内禁止员工相互交流薪资信息，主要是为了避免员工间产生比较心理，进而产生反向落差。无论是我们每个人的过去与现在的比较，还是自己与他人的比较，只要一比较，就会产生心理上的落差。这种落差可能是正向落差，也可能是反向落差。

1. 正向落差：会产生优越的心理体验，因为现在的我们比过去的我们有所进步、认为自己相对于其他人优秀、距离理想中的自己又靠近了一点点。

2. 反向落差：会产生挫败的心理体验，因为现在的我们不如过去的自己、认为不如其他人过得好、距离理想中的自己更远了。

在生活中也会遇到有些人，他们总喜欢聊自己公司或家里的事。同时他们会以一种“关心你”的态度，想尽办法打探你的隐私，来

补充自己茶余饭后的谈资。面对这种人，你可以有两种应对方法。

1. 正向落差：对于和你关系密切，以后还要相处的人，可以表现出一种“我和你还是有差距，但不细说了”的状态。对方找你聊，主要也是想听听你和他有差距的事情。因此你只要顺势而为，就能满足他的虚荣心，就能让他放下对你的敌意和攻击。

2. 反向落差：对于和你没啥关系，未来确定没有交集的人，可以表现出一种“我过得太好了！我来给你详细讲讲”的状态。对方一听你过得那么好，也就没有意愿再来打扰你了。反向利用比较心理，不让对方的想法满足，反而能让对方乖乖闭嘴。

了解这个规律后，对同事紧追不舍的灵魂拷问就不必过于担忧了。笔者认为，如果你实在不会拒绝人，不妨调整心态，在不造成反向落差的前提下，作出适当的回应。

1. 热情应对：你要在态度上和对方一样热情，这样，对方就会感觉你是善意的，也和他一样对别人的工资感兴趣，愿意与他交换信息。通过这样的方式，拉近和对方的距离，为你后续的迎合做好铺垫。“是吗，你也刚加薪啊？”

2. 让他先说：当对方问及你的工资时，你也反问他，让他在你之前先说出一个数字，绝对不要先于对方开口。信息是相互交换得来的。谁想知道更多，谁就要承受先一步暴露更多信息的风险。对方对你感兴趣，自然会先暴露自己的情况。“你今年工资加了多少？”

3. 相差不多：在对方说了一个数字后，用自然的神情表达“意料之中”，接着表达和对方差不多就可以了。对方最不想听到的答案就是你比他薪酬高。只要你说和他“差不多”，他心理也就平衡了。“差不多，我也这点！”“一样一样！”

运用这样的方式，既照顾到了对方的颜面，热情地回应了对方；

又遵守了公司规定，还没有暴露你的薪资情况。

二、侧面被动地回应

《沟通的艺术》一书中提到：当面对是说谎还是说出一个令人不愉快的真相的困境时，沟通者常常会选择一种模棱两可的回答。在一系列的研究中，有超过 90% 的人在为保全面子而说谎、说出实话和模棱两可中选择后者。确实，在无关紧要的事情上，模棱两可的回复是一种很好的策略。

因此，当你不想和对方讨论具体数字，又不想毫不顾忌情面地转身离开，笔者建议你可以采用模棱两可的回应方式。

1. 模糊回避：面对对方的热情，你要保持态度镇定冷淡，与对方形成鲜明的对比。让对方一眼就看出你没什么聊天兴致，没法套出有效信息，进而降低对方对你的预期，甚至打消继续询问你的意愿。“没多少……”“也就这样吧……”

2. 类比回复：如果对方还是继续问，你又无法无视，就可以用一种类比的方式，把你的加薪幅度类比成其他事物来回复。“没多少，也就一个月多吃一顿饭吧”“没多少，也就多买两次化妆品的钱呗”。

这样，不给出具体数字，谁都得不到你的关键信息；通过这种方式回复对方，既礼貌又不会犯错。

三、用玩笑巧妙地回避问题

啥都不想说，怕说了惹来很多不必要的麻烦，那最好的办法就是对其采取回避态度，但你可以通过开玩笑把这个过程做得更为自然流畅。

1. 玩笑警告：说话时面带微笑，让对方既没办法指责你“假正经”，又没办法摸清你的想法。“在公司讨论工资要受处分的哦。”

2. 先声夺人：保持微笑，拼命捂住耳朵表示隔离。“你可千万别告诉我你多少钱啊，我不想听！”

3. 逃离现场：如果对方还要继续，可以用逃遁方式。“跑啦跑啦，不然真要被你抓住了。”

通过开玩笑回避问题，可以有两个效果：一是可以和对方表面上仍然保持良好的关系；二是回避了对方的询问。

四、为什么公司不允许员工交流薪资信息

公司的员工手册上一般都会写明：员工之间不能交流薪酬信息。这是因为将薪酬公开化，将引起员工心理的不平衡，影响公司的稳定发展。

不同时期招聘人员的薪酬标准也是不一样的。如果工作了几年的老人发现自己的薪酬水平和什么都不会干的新员工一样，不但不会好好带新人，甚至对本职工作都会失去干劲。

在团队内部，不同工种的员工，价值贡献的程度不同，薪资标准都会不同。每个人都觉得自己的工种最辛苦，贡献最大，但如果得知自己干得多反而比别人拿得少，就会对对方产生嫉妒心理，处处给别人添堵，故意制造团队内部矛盾。

了解这点后，笔者建议不要对别人的薪资产生好奇。因为别人的薪资比你高，你会心理不平衡；别人的薪资比你低，与你也没有什么关系。

第二节 | 嘴上说请客，实际却叫你埋单该怎么办

有些人，嘴上总是说得“花好稻好”，把自己标榜得很是大方爽快、慷慨仗义；而在人后，总能巧妙地把锅甩给你，苦活累活都落到你头上。最后，他名利双收，而你只是做了“背锅侠”和“埋单侠”。

一、不买！但表达遗憾

如果对方都没和你商量就直接帮你做决定，那就可以认为对方觉得自己凌驾于你之上，非常不尊重你。

在很多时候，沟通危机的产生是因为一开始就没有让对方在沟通中感受到足够的尊重。尊重不是礼貌，是一种发自心底的信念。对一个人尊重，其实就是建立在是否能以平等和开放的态度来对待对方。

1. 平等：指的是一个人尊重别人，就会把对方放在和自己同等的位置，就不会主动去欺压对方，不会想着“你比我低一个档次”，你们之间的关系不会产生主次。如果你始终站在制高点去审视对方，始终有一种居高临下的优越感，始终以自我为中心，那你们之间的

关系就是不平等的，对方也无从感受到尊重。

2. 开放：指的是你愿意听对方表达并接纳对方说的话和做的事，以及呈现的不同维度的自我。你不会先入为主地认为对方是错的，继而挖空心思表达自己认为“正确”的观点。尊重他人选择，尊重他人的独立性。

直接“通知”你埋单而不是和你商量的人，对你并无半分尊重可言。因此，笔者建议，与其闷声吃亏，不如直接拒绝。

1. 感激对方：面对对方一副“为你好”的样子，你需要以“十分受用”来回应。认真听对方把整个事情说完，并对其表示认可，让对方觉得你是很认真地在回应他的提议，表达对对方的感激。“你特意为我争取这个表现机会，太把我当兄弟了！感谢！”

2. 委婉拒绝：利用自己的不可控因素拒绝，把锅甩还给对方，还能顺带表达自己想做又做不成的惋惜之情，嘱咐对方下回提前通知。态度要好，神情要自然，让对方抓不到你的把柄。“你这事如果早点和我说，我就能把时间空出来，现在我手头有事，没法过来！”“只是你没早点和我说你要我来埋单，这会我卡里没钱啊，没法买，只能下次了……”

3. 事后致歉：为了避免对方在背后搬弄是非，可以找个机会去当事人面前轻描淡写地表达歉意，让当事人从你的话中推测出来龙去脉。“上次 ××× 叫我来埋单，那天我被临时通知钱也没带够，总觉得这事不好意思啊，下次我做东，重新安排聚聚。”

这样，既给对方吃了“闭门羹”，又让对方失去当事人面前“搞事”的机会，一举两得。

二、买！但师出有名

苦是你吃的，活是你干的，好处和便宜都归对方，未免有失公平！如果实在觉得面子上过不去，觉得没法开口拒绝，就索性把活儿和功劳一起揽过来！

当对方美其名曰“给你机会”，其实就是“挟天子以令诸侯”，吃准你不敢反抗，逼迫你做违背自己意愿的事，进而从中牟利。像这种阳奉阴违的人，之所以能在职场上专横跋扈，就是因为沟通双方在信息上的不对称，才让他们有了在其中挑拨离间、搬弄是非的空间。

信息不对称理论，是指掌握信息比较充分的人员往往处于比较有利的地位，而信息贫乏的人员则处于比较不利的地位。

要想遏制这样的情况，笔者建议，最好的办法就是直接捅破这层纸，做到沟通双方及时互通信息。信息越透明，越能缩小这些人的生存空间，也就越能杜绝甩锅等行为。

1. 爽快答应：先答应下来，让对方放松警惕，不再防备你。“行，这事就按你说的办！”

2. 当面付款：私下和服务员沟通，让他趁着领导在场时，光明正大地把账单送过来。如果服务员进来时领导突然起身出去打电话或是和别人忙于聊天没有注意到，就直接再让服务员上个点心或者水果之类，拖延时间，直到领导空下来再让服务员送一次账单。当着领导的面一边埋单，一边感谢对方给你表现的机会。“真是感谢×××，让我有这样一个机会，可以请领导吃饭。”

当场就让领导知道这顿饭是你请的，领导再回忆一开始对方的说辞，就什么都明白了。这样，你虽然出了钱，但至少这钱花得明明白白，也让对方知道你不是那么好欺负的。

三、买！但换套说辞

如果是对方直接在领导面前让你去埋单，你碍于领导情面无法拒绝，就可以反客为主，偷换概念，把“埋单”变为“借钱”。

既然对方摆台设宴请领导吃饭的口风已经放出去了，你就可以顺势而为让他自己兑现之前的承诺。把他甩过来的锅光明正大地甩回去，让对方有苦说不出，赔了夫人又折兵。在领导面前既失了“面子”，又丢了“里子”。

1. 表示震惊：当场表达意外，让气氛变尴尬，让对方难堪，也让领导看到你是临时“被通知埋单”的，故意把氛围弄尴尬。只有这样，才能让领导感受到是对方在从中作梗。“啊？你小子请领导吃饭居然不带钱，叫我埋单？”

2. 换个思路：在领导感到焦虑和意外时，你同样也要把控好时机，及时把尴尬氛围化解。既然对方要做好人就让他做到底，你不接锅但可以给他提供金钱上的支持，给对方一次深刻的教训，让对方有苦说不出。“你请领导吃饭我抢着埋单可不地道，你缺多少钱给我说，我转给你，明天记得还我就行啦！”

这样一来，对方不管是自己埋单还是借你的钱埋单，都让领导看清本来应该是对方请客埋单的事实。你非但没吃亏，还落得个愿意借钱给对方，及时化解双方尴尬的好形象。

四、推理演绎他人的想法

很多人会以己度人，认为自己如果被拒绝了会不爽，因此也不好意思拒绝别人，担心别人“看轻”自己，认为自己“不够义气”，而这种想法就是误入了投射效应的逻辑陷阱。投射效应，是指将自己的特点归因到其他人身上的倾向。就像一个善良的人总是认为全世界都是善良的，心眼多的人则会认为全世界的人都有心机。

而在面对两面三刀的人时，你大可不必有这样的顾虑，因为对方对你的评价并不会因为你的行为而轻易改变。

1. 朋友关系：如果对方把你当朋友，只是性格上比较大条，没有顾及那么多人情世故而不小心“坑”了你，当你拒绝他时，他就不会对你有所抨击和批判，因为你是他的朋友，他信任你。

2. 非朋友关系：如果对方不把你当朋友，处处设陷阱坑你，被拒绝了还要指责你“不够义气”，对于这样的人，正好拒绝了，断了往来，以后反而轻松了。

第三节 | 领导当众说错话，该怎么说才能完美救场

领导在公开场合发言说错了话，这时候该怎么救场，才能帮助领导漂亮地挽回局面呢？

一、不动声色地纠正错误

在现实生活中，谁都难免会在公众场合陷入僵局或者困境，这时候旁边的人如果帮着打圆场，或者给对方找一个更好的说法或理由，及时把注意力引到其他地方，就能使对方走出尴尬，保留面子。

领导当众说错话，你直接予以纠正未免会让领导下不了台，不如运用将错就错的方法，帮助领导将错误掩盖过去。将错就错是一种最大限度地保留颜面的方法，是指发现错误时，顺势而为，让错误继续往下走，巧妙地将话题继续下去，不动声色地纠正之前的错误。

引导大家从错误的角度进行思考，相比直接喊停缓和许多。经过你引导后的将错就错，相比之前让对方错下去，多了一个预判和

控制的过程。对方并不知道自己错了，如果任由其继续发展下去，等到对方发现时，说不定已经无可挽回了。而如果是你来继续引导，由于你已经看到了这个错误的结果，就能在它发展到最恶劣之前制止，挽回对方的颜面。

“领导特意强调这部分，就是想看看我们是不是基本功扎实，有没有看出他讲的是反例！结果大家都没看出来！”“大家可以想想，如果真的这样做，会有什么问题呢？”

将错就错是一种把话题引到自己身上，不让对方尴尬的语言技巧。它既不点明对方的错误，又不动声色地纠正错误，帮助对方挽回颜面。

二、不知不觉地转移错误

除了顺着领导的话将错就错下去，你还可以通过转移话题成功地帮领导从错误中脱身。移花接木，是指把错误转移到别人身上，然后重新发表自己的意见、观点。

找出对方语言中的因果关系，思考错误产生的各种可能性，选择合适的理由“甩锅”。移花接木的底层逻辑是合理化地用推诿技术，即将个人的缺点或失败推诿于其他理由，找人承担其过错。

移花接木需要运用发散思维，从结果导向原因，向公众说明这个逻辑关系，帮助犯错者减少错误的负面影响。

A：我们这次年度总销售额为 4500 万元。

B：这个数字确实非常厉害，截止到上周五确实是 4500 万元，但经过一个双休日，总销售额从 4500 万元进一步提升至 4700 万元了，我们秘书组一定是开心坏了，庆祝之余都忘记把数据更新了。

移花接木地转移错误，能让其他人对错误多一份理解，少一份非议。既让犯错者顺势走下来，又预防了对方理解力不在线，在不知不觉中转移错误，是一种很好的圆场方式。

三、巧妙地“歪曲”错误

此外，你还可以通过词义新解，对领导说错的部分进行二次描述来挽回失误。词义新解，是指对一些说错的字、词，我们可以赋予它新的意义，变成另一种解释。

可以运用谐音词、多音词、双关语、歇后语、成语等，对意义进行进一步地阐述，以帮助其回到正轨。这里需要词汇量大，遣词造句能力强，想象力丰富，平时喜欢脑洞大开，能熟练运用相近的词语表达不同的意思。

A：小朋友不懂事，把老师的衣服弄脏了，都是水彩颜料。

B：没事，老师原本有一肚子墨水，现在小朋友又把自己的墨水给老师了，这下老师的墨水多得都溢出来了，老师应该感到高兴！

像这样，把关键字的意思进行进一步的引申，不但能化解尴尬，还能活跃气氛，一举两得。

当出现困难或尴尬的场景时，运用一些诙谐的手法，摆脱尴尬的境地，营造出和谐美好的气氛，从而与他人建立友好的关系，这就是幽默效应。运用幽默的语言，就能使严肃紧张的气氛变得轻松，使遭遇困境的一方摆脱困境，有效地化干戈为玉帛。因此，想要更好地救场，不如在平时多锻炼自己的临场应变能力和思维扩展能力。只有这样，在关键时刻，你才能通过灵活巧妙地描述错误，替别人排忧解难，从而为自己赢得感激。

第四节 | 被领导误解了怎么办

在职场时间长了，总会碰到各种不顺心的事，被人误解就是其中的一件。更令人烦心的是，被同事误解，大不了从此断绝来往，但如果被领导误解，可能会影响到自己的职业生涯。

一、被误解了要怎么做

被领导冤枉，如果辩解，只会被认为是推卸责任；如果不辩解，你也可能从此失去领导的信任和升职加薪的机会。但在这个点上，根据笔者多年 HR 的从业经验，不要急于为自己申辩。

1. 领导会注重结果：他根本不在乎是不是冤枉了你，而只在乎事情的结果如何。事情是被你办砸的，这个结果由谁来负责？公司会不会有损失？客户会不会投诉？对部门的业绩、形象、人员配置会不会有影响？今后碰到这样的问题如何能防患于未然？

2. 你会注重过程：事情明明不是你办砸的，你却被领导平白无故批了一顿。领导冤枉了你，你很委屈很难过；如果要和领导解释，该怎么解释领导才会相信；如果不和领导解释，今后自己会不会被“穿小鞋”，会不会没有发展前景等。

因此，当双方根本不在一个频道上时，你无论怎么解释，也无法得到领导的认可。那到底该怎么做，才能重获领导对你的信任呢？

1. 搁置情绪：在职场，谁不是一边挨骂一边成长的？但在当下，你需要先把自己的情绪暂时搁置。不去多想领导刚才说了什么，同事怎么看你，你受了多少委屈等负面情况，而是通过内在激励，让自己尽快从无益情绪中解脱出来。你可以问自己：我现在很生气，对解决问题有帮助吗？

2. 解决问题：在这个关键点上，谁能搞定事情，力挽狂澜，谁就能获得领导的赞赏。你需要全神贯注、专心致志地把问题解决了。即使你能力不及搞不定，也要想尽办法努力把能做的做好，及时拿着你的成果向领导汇报。“领导，这份设计稿已经按照你的要求修改好了”“领导，目前我做了……如果还有没做到位的地方，请您再指出，我马上改！”

通过这样的方式，你就能把领导的注意力从先前焦灼的局面拉到解决方案上。用实际行动告诉领导你确实在反思，在补救，那领导的气也就消了一大半了。总之，不管怎样，先把事情做好了，你才有底气和领导重新谈关系。

二、什么时候澄清误解

误解要澄清吗？当然要！因为如果没有得以澄清，你与领导在之后的相处中将会产生隔阂，将让你内心不断出现没有意义的猜想。

1. 发展受限：如果这个错误影响和损失很大，会让领导质疑你的能力，今后也不会再将重要的任务委任于你，你的职业发展将受到限制。

2. 关系疏远：因为别人的关系被领导骂，从今往后谁再有什么事绝对会立刻撇清，人际关系越发狭隘。

3. 工作影响：冤枉被骂，心态变差。为了不再受到批评，从此工作畏首畏尾，不敢轻易决策，工作效率反而会因为过分谨慎而降低。

这样看来，如果不还自己一个清白，将会对自己的职业发展有着不小的影响。那到底要什么时候说，怎么说才合适呢？

1. 等待时机：当你把事情做完了，交差了，也不要马不停蹄地去解释，这样就会比较刻意，显得你特别在意这件事，也会给领导一定的压力。你需要等待时机，哪天有机会和领导单独开会或者汇报的时候，看到领导心情不错时，便可以顺带把之前被冤枉的情况和领导提一提。

2. 交代缘由：提的时候主要把事情的缘由说清楚就可以了，不要过分提及领导冤枉你。因为你的目的是澄清领导对你的误解，当你把事情说清楚的时候，领导自然也就明白了。“之前的项目，负责人是 ××，那天他正好休假，所以拜托我临时帮忙处理，我也不大熟悉，所以没能做好……”

通过这样的方式，能让领导知道你虽然被冤枉，但还能把个人问题先放一边，而先去补救做事，这样的工作态度和原则会显得你特别顾大局且识大体，领导也会认可你的抗压能力以及个人品质。

三、怎么说才加分

解释清楚缘由后，领导必然会觉得没有搞清事情就冤枉了你，十分对不住你。这时候，你得帮领导打好这个圆场，缓解尴尬的氛围。你可以通过以下两个方法圆场。

1. 自我检讨：领导确实冤枉了你，但如果你做得很好，领导还会冤枉你吗？肯定有某部分细节你自己没有注意到，该请示没请示，该汇报没汇报，才导致现在的结果。因此，你可以做个自我检讨，表达一下自己哪里没有做到位，才让领导引起误解的。“这事也怪我，没有和 ××× 再次确认就先自作主张帮他处理了，结果给领导添了麻烦。”“在这件事上我也有责任，对下属交上来的作业没有再一次审核清楚。”

2. 表达决心：向领导自我检讨的同时，你也要向领导保证，下一次你绝对会更细心。让领导感受到你为人的气度和工作的悟性。“这次我吸取教训了，下次我一定提高汇报频次。”

像这样，既有有理有据的道歉，又有防患于未然的意识，不但帮助领导缓解了尴尬，也表明了你的态度和能力。误解澄清了不说，领导还会觉得你既能沉下心做事又懂得梳理关系，必然对你另眼相看。

在日常的工作中，当人际关系和事情相互产生矛盾时，往往有两种处理方法。

1. 事缓则圆，指碰到事情不要操之过急，而要慢慢地设法应付，问题便可以得到圆满的解决。

在处理常规的、非紧急的沟通问题时，一般都会先搞定人，再搞定事情。因为职场上，七分在做人，三分在做事。做人不成功，做事的成功是暂时的；做人成功，做事不成功也是暂时的。而一个人只有做人成功了，才有机会获得事业上的成功。

因此，只要不是十万火急的事，都会先从关系入手，人搞定了，事情也就搞定一大半，可以圆满解决了。职场上绝大多数的问题都可以通过搞定人来解决，因此，当你处理的事情迟迟无法推进时，你最需要检讨的不是做事的流程有没有问题，而是关键人有没有搞定。

2. 事急从权，指事情紧急的时候要根据情况有所变通，不可死守教条。

当遇到紧急情况时，需要改变常规的想法，先处理事情，等事情过后再去处理关系。因为处理人际关系是一件不能急躁、需要细水长流的事情。但在事态紧急时，如果还是依照“旧历”，花时间在搞人际关系上，危机将越发严重，事态将不断恶化，机会也将稍纵即逝，等你搞定人时，事情已经一发不可收拾了。职场上几乎很少有非常紧急的事需要处理，如果你总是被紧急事件搞得焦头烂额，你首先要想到不是事情有没有搞定，而是你的时间管理有没有问题。

四、冲破冲突，让关系更进一步

冲突过程中的有效沟通能让原先的关系变得更加强韧。作为职场人，被领导冤枉也是一件很正常的事。冲突当下，从感性角度，你深刻体会到了自己情绪的波动；从理性角度，你又得克服自己情绪上的冲动，确实是两难。但换个角度，如果此时你能先把自己的情绪稳定下来，把事情解决，之后再找机会澄清，让领导知道自己错怪你，反而会令他产生对你的愧疚，之后必然会想办法来补偿你。说不定你们的关系就此会变得更紧密，你在职业上的发展也会比别人更好呢？

第五节 | 传递坏消息时，怎么说才能躲避雷区

没有人愿意听到坏消息，更没有人愿意做坏消息的传递者。如果因为身份原因，你需要向对方传递坏消息时，你会怎么开口呢?

一、给对方一个好消息

“我有一个好消息和一个坏消息，你要先听哪个？”这听起来像句玩笑话，其实就是为了降低坏消息的伤害程度而使用的一种中和的手段。

在传递坏消息的过程中，最常被人使用的是上述的“中和法”，它来源于美国前总统约翰·卡尔文·柯立芝提出的“肥皂水效应”，即将批评夹在赞美中，将对他人的批评夹裹在前后肯定的话语之中，减少批评的负面效应，使被批评者愉快地接受对自己的批评。

原本是用于要批评别人时，让赞美给“批评的良药”裹上一层糖衣，使对方有一种“忠言不逆耳”的感觉；此处延伸为在宣布坏消息时，用好消息给令人沮丧的坏消息加上一点安慰，让对方产生“不至于太坏”的感觉。

1. 告知坏消息：不管你面对多么艰难的场面，不管你有多么的不安，说谎绝不应该是最佳的策略。因为当对方知道实情后，会成倍地懊恼并迁怒于你。尽可能地用平复的语气客观地叙述事情的缘由，直言不讳地告知对方现在的结果。“很抱歉，接下来有一个关于你的坏消息……”

2. 告诉好消息：在告诉对方坏消息后，再告诉对方一个好消息。这个好消息最好是能真正让对方心理上“好过”的，如果没有好消息，你也要想办法“制造”好消息。如果实在没有好消息，你也可以从这个坏消息中看看有什么转机，或者有什么解决方案，也可以当作好消息给对方说。“好消息是，虽然这次你被 ××× 伤害了，但起码我们看出了他是个怎样的人！”

事物都有两面性，你可以从坏消息中找到进步的空间，也可以从好消息中居安思危，将对方从坏消息的混沌中解脱出来。

二、夸大你的坏消息

如果只是干巴巴地传递坏消息，很难让人平复；但如果在传递坏消息时能巧用对比效应，就能让坏消息听起来不那么坏，让人更容易接受。

对比效应，也称“感觉对比”，指的是同一刺激因背景不同而产生的感觉差异的现象。如同一种颜色把它放在较暗的背景上看起来明亮些，放在较亮的背景上则看起来暗些。

但同时也要看到，对比效应也会产生竞争和攀比，带来不好的后果。没有对比就没有伤害，很多时候我们也通过对比效应让一个好消息变成一个坏消息。

绩效一般的员工和一个优秀的员工放在一起产生了对比，绩效反而看起来更差了；孩子考试得 98 分应该是件让家长高兴的事，但如果得知全班几乎都是 100 分，那反而会让家长变得不高兴；投资回报率为 7% 的理财产品其实已经远超银行的定期利率，但如果放在 10% 投资回报率的理财产品面前反而显得低了。当你给予别人过高的期望却没有办法达到时，就会让对方加倍地感到失望；同样，如果想让对方在接受坏消息时不至于太难受，你就可以反向操作，让坏消息无法达到对方的预期，这样反而能降低坏消息的打击程度。

心理学中用于治疗焦虑症和恐惧症的满贯疗法，是直接让患者进入最使他恐惧的情境中，迅速矫正患者的错误认识，达到消除行为的目的。在保证对方安全性的前提下，你也可以借鉴满贯疗法的思路，向对方传递坏消息。

1. 夸大程度：通过夸大坏消息的程度，直接把这个坏消息最坏的结果讲出来，激发调动对方的负面情绪，让对方一下子承受最大的心理压力。“这次这个项目我们做得很不好，领导很不满意，据说他已经准备裁员名单了。”

2. 说出实情：当对方心理已经远远超过原本坏消息的预期后，再说出真实的坏消息。通过这样的对比，让对方感觉事实不如前面说的那样坏，对方听后必然会松一口气，转忧为安，放下心里的大石头。“最后领导没裁你，只是这个月的奖金泡汤了！”

运用这样的手法，让坏消息的威力瞬间降低，比起直接宣布坏消息，让对方心理上更容易接受。

三、降低坏消息的预期

同样地，你还可以借鉴目标管理中的目标分解法，对坏消息进行等级、层次分明的拆解。

目标分解，是指将总体目标在纵向、横向或时序上分解到各层次、各部门以至具体的人，形成目标体系的过程。

如果碰到一个坏消息，已经超过了正常人的心理承受程度，你知道一说对方肯定崩溃，那你就可以化整为零，将其进行分解，一点点降低对方的预期，让他一点点提高心理承受程度和免疫能力，最后再告诉他结果。

1. 降低预期：在宣布坏消息时，可以在话语中有所伏笔来不断降低对方的心理预期，让对方的情绪冷静下来，做好最坏的心理准备。“我确实有一个坏消息要宣布，可能真的会让你很伤心，你要做好准备……”“这个结果我很遗憾，如果是我我也不知道该怎么面对……”

2. 确认预期：可以问对方的预期，再通过对方的回答决定再次降低预期还是已经达到预期。“你能告诉我，对这件事，你能接受的最坏的情况是什么吗？”“可能要比这个结果更坏一点……”

3. 达到预期：当对方经过你对坏消息的不断铺垫，心理预期已经降低到相应的承受程度了，此时你就可以平静地宣布坏消息了。“是的，你已经猜到了。”“确实，如你所说……”

等待对方一点点降低心理预期，并用平复的语气诚实地告知，虽然可能会耗费更多的时间，但能让对方在心理上更为释然。

四、如何向领导传达坏消息

当你工作上做错了，不但要告诉领导这个坏消息，还要第一时间把这个坏消息告诉领导。因为工作做错了总会被发现，到时候如果让他从别人口中得知这个事实，他一定会觉得你不但工作能力差，人品还不厚道。向领导传达坏消息，要想办法让领导也能听到一些正面信息。要带着你的方案去，在承认错误后，主动告知领导你目前想到的补救方案是什么。让领导看到你不但人品不错（主动承认错误），也有一定的工作能力（危机处理）。工作上做错时，当你有侥幸心理想要逃避时，别人反而会觉得是你的责任；但当你主动承认错误时，别人却很可能认为错不在你。

第六节 | 听到别人在背后议论你，该怎么处理才最恰当

谁都不喜欢被人在背后说闲话。但在你的身边就是会有这样的人，当面和你相安无事，背地里却对你评头论足。当听到别人在背后议论你，该如何处理呢？

一、对方言之有理时

第一种情况是对方说的是客观存在的事实，并非子虚乌有地诽谤，那你就需要深刻反思。

约哈里窗户理论是由美国著名社会心理学家约瑟夫·勒夫特和哈里·英厄姆针对如何提高人际交往成功的效率提出，用来解释自我和公众沟通关系的动态变化。它主要分为 4 个区域。

1. **开放区**：代表所有自己知道，他人也知道的信息。

2. **盲目区**：代表关于自我的他人知道，而自己不知道的信息。

3. **隐秘区**：代表自己知道而他人不知道的信息，这些信息有的是知识性的、经验性的，甚至是创造性思维的结果。

4. **未知区**：代表自己不知道，他人也不知道的信息。这些信息

是潜意识、潜在的需要，是一个大小难以确定的潜在知识。

	自己知道	自己不知道
他人知道	**开放区** 自己知道， 他人也知道	**盲目区** 自己不知道， 他人却知道
他人不知道	**隐秘区** 自己知道， 他人不知道	**未知区** 自己不知道， 他人也不知道

图 7–1　约哈里窗户理论

结合这一理论可以看出，由于每个人的认知不同，人与人之间在许多地方都会存在差异，每个人都存在自我认知的盲目区。为了不断地完善自我，就可以从他人对你的反馈中不断地进行改进和反思。

因此，当遇到别人言之有理而自己却没有意识到的情况时，笔者建议你可以虚心接受，而不要视而不见。

1. 认真反思：不管对方出于什么心态，只要他们说的是对的，你心里就该感激对方对你的上心，并认真反思自己的不足，而不该因为对方背后说你闲话而迁怒对方。

2. 做出调整：知道自己哪里没做好，就要想到调整改进的方法。当你把对方说的都改进了，之前被挑刺的部分也就完全不存在了，那别人自然也就不会再说你了。

职场是来工作的，自己有地方没做好，应该多反思，多向其他同事请教，不断地提升自己。

二、对方所言子虚乌有且对你造成影响时

第二种情况是对方说的是不存在的瞎编乱造的谣言，并且对你的名誉和工作都产生较大影响，那你就得公开面对。

在传播学中，谣言被定义为未经证实的消息，也就是说真假不确定。阻断谣言传播的最佳方法是通过官方的、可信度高的传播途径进行辟谣，将真实情况公之于众。因为在信息传播通畅的情况下，人们便不会轻信谣言，只有在缺乏可信的信息来源的情况下，谣言才得以广泛传播。

面对上述情况，笔者会建议你找个公开面对的机会。

如果你知道闲话的传播者是谁，就可以当场为自己澄清，直接点破对方污蔑你的事实。如果对方无从辩驳，旁人自然明白谁对谁错。背后说人闲话被当场识破，就像猫被抓了尾巴一样，会让对方有所忌惮，下次就不敢再这样明目张胆地到处抹黑你了。“听说你觉得我做人比较小气，请问你这样说是出于什么样的原因呢？”

想要遏制被人在背后说闲话，最好的办法就是直接把对方要说的话全说了，让真相大白于天下，那些背后说闲话的小人也就无话可说了。

三、对方无中生有但影响不大时

第三种情况是对方说的是不存在的，但对你的名誉和工作都并没有很大影响。那你就可以置之不理。

具体的处理方法为全当没事发生，丝毫不要被其影响你的工作

和生活。很多人听到谣言，都会觉得生气、愤怒、伤心，担心其他人听了谣言会不会对他们产生误解，因此他们总是着急地想办法去澄清。

有人曾说过：沉默是最高贵的报复。而传谣者之所以乐此不疲，越传越起劲，是因为他发现谣言能给你带来麻烦和影响，能让你生气、愤怒、伤心，因此你越急于澄清，就越刺激他们继续下去。而如果你就当没事发生，他们会觉得谣言无法影响你，传着传着也就没劲了。

人是很奇怪的动物，在听了闲话后你如果表现得心烦意乱，别人反而会认为你确有其事；你如果表现得若无其事，别人反而会觉得你是清白的。

四、精进自己，消灭背后的声音

即使再优秀的人，可能也难逃脱被人评头论足。喜欢说闲话的人，通常只会说比他们强大一些或和他们差不多的人的闲话。可能是你在某些方面比他更优秀，取得了他想要的成就，掩盖了他的锋芒。如果是正面对决，他们自知没有胜算，只好在背后说闲话。因此，被人在背后说闲话，从正面看，恰好说明了你在团队里能力强、受器重。要杜绝背后的闲话，最好的办法就是抛开杂念，集中精力把自己打磨得更好。因为只有你自己变好了，站在顶峰了，才能让所有人望而却步，让听闲话者“不敢乱传”，让传闲话者“无话可传”。

委婉引导

化解突如其来的沟通难题

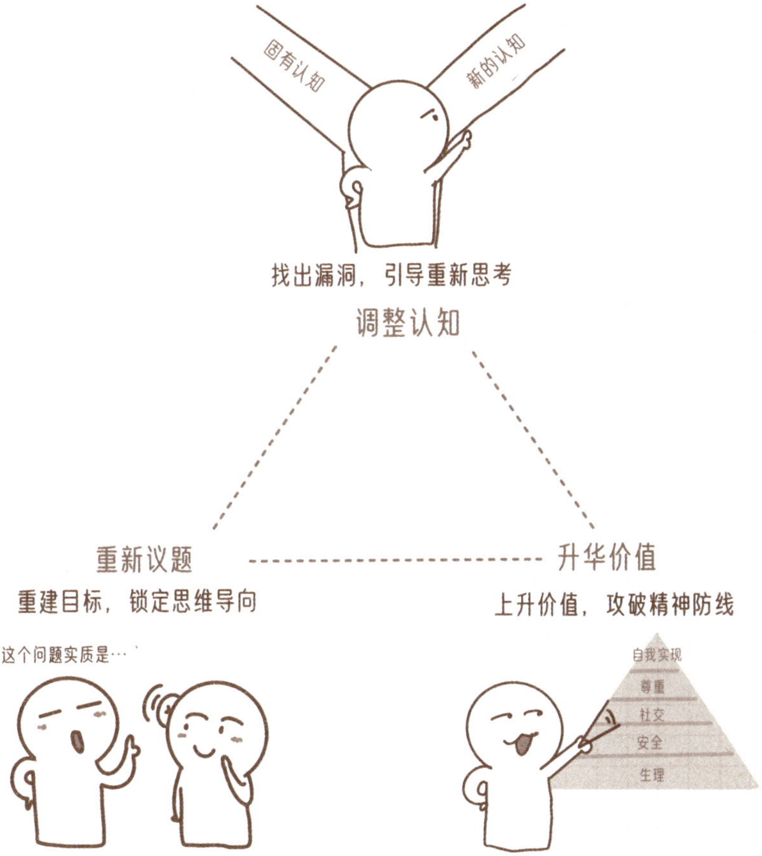

重要理论索引

章节标题	心理学原理
第一章　成功破冰，在团队中树立自己的形象	
1.1 初次见面时，怎么说才能和所有人打成一片	破冰、表达认同
1.2 如何与“气场不和”的员工共事	投射、评判、人格面具
1.3 怎么和团队里有过节儿的人合作	合理化、善意的谎言
1.4 工作出错被痛骂，第二天上班该如何面对领导	高低自尊、灾难性预期谬误、预期效应
1.5 离职解聘，怎么做才能和原公司好聚好散	尊重、内疚
第二章　适度赞扬，人际关系升级的“不二法宝”	
2.1 想让自己的人缘更好，有什么办法	晕轮效应、自我
2.2 做好这 3 点，内向者也能轻松获得团队的青睐	互惠、习得性无助行为
2.3 求人办事，说些什么才能让团队成员主动帮你	登门槛效应、SMART 原则
2.4 在公司被同事嫉妒，怎么处理最好	酸葡萄心理、自卑
2.5 如何让老员工更愿意带你	关系、情感账户
第三章　主动表现，彰显 / 突出你在团队的存在感	
3.1 会上发言时，如何一开口就让大家听你的	厌恶损失、爽点、痛点、痒点
3.2 怎么做，才能避免成为职场“隐形人”	木桶效应、反木桶效应、态度

续表

章节标题	心理学原理
3.3 领导让你做工作汇报，怎么说才能获得领导的赞赏	金字塔原理、MECE、布利斯定理
3.4 僧多粥少，说些什么才能从领导那里获取更多的资源	同理心
3.5 年底如何和领导谈升职加薪	补偿心理
3.6 该怎么表现，领导才会放心把核心资源交给你	相似吸引律、互补吸引律、犯错误效应
第四章　精准表达，把话说到人心坎里	
4.1 如何说服同事把你的事当成他自己的事来做	马斯洛需求层次
4.2 想要安慰人，就说这 3 句话	共情、中立、无条件积极关注
4.3 当遇到同事起争执，如何打好圆场	枕头法、换位思考
4.4 工作表现不佳，怎么做才能重获领导信任	ASK 模型、一万小时定律
4.5 领导问你对员工的看法，怎么说才能让领导满意还不得罪人	证实偏见
4.6 员工表现太差，如何优雅地劝退对方	CPR 思维法、三叶草模型
第五章　强势出击，在团队中快速获得主导地位	
5.1 按照吩咐办事却被批评，只怪你没摸清领导意图	沟通漏斗、释义
5.2 同事在公开场合挑刺怎么办	嫉妒
5.3 别人抢我功劳该怎么办	RACI
5.4 新官上任，如何服众 / 如何征服下属 / 如何树立威信	磨合效应、授权、胡萝卜 + 大棒
5.5 员工频繁请假，领导如何应对	热炉效应、正强化和负强化
5.6 面对员工挑衅，该怎么办	捧杀、从众效应

续表

章节标题	心理学原理
第六章　间接提议，反对的话也可以这样说	
6.1 如何巧妙地拒绝领导不恰当的安排	思维定式
6.2 和领导意见相反时，如何表达你的想法	波特定律、安全感、DISC
6.3 同事总把自己的工作推给你，怎么拒绝才不伤情面	关心、非语言沟通、自我界限意识、讨好型人格
6.4 如何劝固执的人改变想法	信念、好奇心、认知歪曲、不合理信念
6.5 如何喊停滔滔不绝的“祥林嫂”	吸引力法则
6.6 下属犯错，该怎么“骂”才能让他听进去	外向、内向、蝴蝶效应、PDCA
第七章　委婉引导，化解突如其来的沟通难题	
7.1 当同事打听你的工资时，该如何巧妙应对	正向落差、反向落差、模棱两可
7.2 嘴上说请客，实际却叫你埋单该怎么办	信息不对称原理
7.3 领导当众说错话，该怎么说才能完美救场	幽默效应、推诿
7.4 被领导误解了怎么办	事急从权、事缓则圆
7.5 传递坏消息时，怎么说才能躲避雷区	肥皂水效应、对比效应、目标分解
7.6 听到别人在背后议论你，该怎么处理才最恰当	约哈里窗户、谣言

专业词语索引

续表

续表

续表

图书在版编目（CIP）数据

HR教你做团队沟通：没点情商，怎么带团队 / 安吉小丽娜著
.—北京：中国法制出版社，2021.8
ISBN 978-7-5216-1773-3

Ⅰ.①H… Ⅱ.①安… Ⅲ.①企业管理—人力资源管理—研究
Ⅳ.①F272.92

中国版本图书馆CIP数据核字（2021）第053874号

策划编辑：潘孝莉
责任编辑：刘　悦（editor_liuyue@163.com）　　封面设计：汪要军

HR教你做团队沟通：没点情商，怎么带团队
HR JIAO NI ZUO TUANDUI GOUTONG：MEI DIAN QINGSHANG，ZENME DAI TUANDUI
著者 / 安吉小丽娜
经销 / 新华书店
印刷 / 三河市紫恒印装有限公司
开本 / 710毫米×1000毫米　16开　　印张 / 15.5　字数 / 180千
版次 / 2021年8月第1版　　2021年8月第1次印刷

中国法制出版社出版
书号ISBN 978-7-5216-1773-3　　定价：66.00元

北京市西城区西便门西里甲16号西便门办公区　　传真：010-63141852
邮政编码 100053
网址：**http://www.zgfzs.com**　　**编辑部电话：010-66060794**
市场营销部电话：010-63141612　　**印务部电话：010-63141606**
（如有印装质量问题，请与本社印务部联系。）